Je ne pouvais pas l'abandonner

Le choix de comprendre

Jean-Louis Courjault

Je ne pouvais pas l'abandonner

Le choix de comprendre

Avec la collaboration de Michel Embareck

Michel Lafon

Dans le souci du respect de la vie privée, certains noms et prénoms ont été changés.

7-13, boulevard Paul-Émile-Victor – Île de la Jatte
92521 Neuilly-sur-Seine Cedex

www.michel-lafon.com

Prologue

14 mai 2010

Comme à chaque visite depuis plus de deux ans, je me suis garé le long du mur d'enceinte de cette vieille prison au centre d'Orléans. Conséquence de la surpopulation carcérale, ici comme ailleurs les places sont rares sur le parking de la maison d'arrêt. Assis sur l'unique banc abrité par un sapin, je fixe l'immense portail métallique gris qui coulisse parfois lors du passage d'un fourgon cellulaire ou d'un camion de livraison. Machinalement, j'allume une cigarette… Combien de fois ai-je essayé d'arrêter ? Trop de tension, trop de soucis, trop de boulot. Et puis ce drame, qui pendant des années m'a mis la tête et le cœur à l'envers…

Aujourd'hui, ce serait plutôt une belle journée pour faire une croix sur la clope. Parce que j'attends Véronique.

Véronique, ma femme.

Je l'attends depuis le premier jour. Plus exactement depuis le 12 octobre 2006, quand je suis sorti libre du palais de justice, la laissant derrière les barreaux, en butte à l'opprobre quasi général qu'avait suscité l'affaire médiatiquement baptisée « des bébés congelés », et face à ses douloureuses incertitudes.

Aujourd'hui elle sort, en liberté conditionnelle. Les enfants et moi allons retrouver Véro, dans notre maison et non derrière les murs, où nous ne pouvions la voir que rarement. Depuis son jugement en juin 2009, en effet, qui l'a condamnée à huit ans de prison, nous ne nous voyions plus qu'une fois par semaine, le samedi matin à 10 heures pendant trois quarts d'heure. Avant le procès, nous avions droit à trois parloirs hebdomadaires de trente minutes.

*
* *

Je me souviens du premier permis de visite accordé par la juge d'instruction fin décembre 2007, quelques jours après Noël. Jusqu'alors nous ne nous étions croisés que dans les couloirs du palais de justice de Tours, entourés d'une escorte de trois gendarmes. En dépit des menottes dont on ne la débarrassait pas, nous pouvions nous toucher, nous embrasser, discuter des enfants, du temps qui passe et du temps qu'il fait mais nous ne devions jamais évoquer le dossier.

Avec un peu de retard certes, la Justice m'avait offert ce jour-là le plus beau des cadeaux. Pour peu qu'elle fasse des cadeaux. Le premier parloir, il m'en reste un souvenir intact. On m'avait mis en garde contre la vétusté, la saleté des locaux. Je n'en ai rien vu. L'environnement n'existait même pas à mes yeux. Seule m'importait Véro.

Nous nous sommes retrouvés dans un de ces box en béton à portes vitrées derrière lesquelles résonnent constamment des cliquètements de clefs. Elle portait sur son visage le dégoût d'elle-même.

– Je n'arrive pas à comprendre comment j'ai pu faire ça. Même maintenant, pour moi, ce n'étaient pas des enfants…

Cette surprise dans ses yeux, cette révélation pour elle, ce désespoir auraient prouvé à n'importe qui qu'elle n'avait jamais nourri la moindre intention criminelle. Mais moi, je n'avais pas besoin de preuves. Depuis plus d'un an que cette horrible affaire des « bébés congelés » avait fait basculer ma vie et celle de nos proches, j'avais eu tout le temps de penser à cette femme dont je partageais le quotidien depuis près de vingt ans et qu'une bonne partie de la presse avait présentée comme un monstre, une infanticide en série, froidement consciente de ses actes prémédités. Or je savais Véronique incapable de projeter, de préméditer quoi que ce soit dans la vie courante. Généreuse, accueillante, toujours partante, oui. Mais je ne l'ai jamais vue ourdir en secret quelque plan que ce soit. Et que tous ceux qui ont pensé que j'étais un abruti de n'avoir rien deviné de cette tragédie en jugent à la lecture de ce livre : ils se seraient montrés aussi aveugles que moi… et tout aussi rongés de culpabilité inutile par la suite. Parce que le comportement de Véro, dans cette histoire, s'est révélé tellement illogique qu'il était impossible d'en tirer des conclusions cartésiennes, mathématiques. On est là dans une autre configuration. On est dans l'absurde d'une faille de la psyché impossible à comprendre, sauf pour quelques psychiatres avertis qui ont du mal à faire entendre leur voix.

C'est sans doute pour cela que, dès le début de ce séisme, je n'ai pas pu condamner la femme que j'aimais. Encore moins l'abandonner.

Comment une mère aimante, qui a accouché de deux fils dans le bonheur, peut-elle décider de tuer sa nouvelle progéniture, même si « elle ne veut plus d'enfants », comme l'ont avancé certains ? En pareil cas, il y a plus simple, non ? Alors pourquoi Véro a-t-elle renoncé à la contraception ? Pourquoi avoir accouché, seule, pour ensuite tuer la chair de sa chair, et retourner à ses occupations comme si rien n'était arrivé ?

Lors de ce premier parloir, l'égarement que je lisais dans les yeux de ma femme témoignait du long voyage qu'elle devrait faire dans les déserts de son esprit pour comprendre, et se supporter. D'une certaine manière, même si Véro n'était pas suicidaire, j'étais presque rassuré qu'elle se trouvât incarcérée. J'étais inquiet devant tant de dégoût de soi mais en même temps content de n'avoir pas jeté aux oubliettes nos dix-huit ans de vie commune. Véronique n'était pas la femme froide et indifférente que tant de personnes s'obstinaient à voir en elle.

Un lourd silence s'installa entre nous avant qu'elle ne murmure :

– Je te demande pardon.

Alors nous sommes tombés dans les bras l'un de l'autre, en pleurant. Je conserve l'image de ses grands yeux verts complètement perdus, noyés de douleur et de chagrin.

Puis elle se reprit, soucieuse avant tout du sort de nos deux garçons : Léo, alors âgé de douze ans, et Paul, onze ans. Leur santé, leurs résultats scolaires, leurs réactions. Que pensaient-ils ? Que disaient-ils ?

J'éludai ces dernières questions pour m'enquérir d'elle :

– Et toi, comment te sens-tu ? Comment ça se passe ? bafouillai-je maladroitement.

– Le plus difficile, ce n'est pas l'enfermement mais la séparation. Et aussi le tourment. Tu sais, je cherche des réponses à ce que j'ai fait sans réussir à les trouver. Ces bébés, aujourd'hui encore, pour moi ce ne sont pas des bébés… a-t-elle répété. Comment ai-je pu commettre des actes aussi horribles ? Je n'arrive pas à y croire.

Elle reconnaissait sa responsabilité sans réussir à en saisir l'objet. Mais quel qu'il fût, elle ne se le pardonnait pas. La peur d'elle-même se lisait sur ses traits.

Comme pour détourner la conversation, ou pour fuir des fantômes qu'elle ne parvenait pas à identifier, elle m'a alors demandé comment nos affaires avaient été rapatriées de Corée.

Et j'ai replongé dans le cauchemar.

1

La stupeur

La Corée… C'est là que le cauchemar a débuté, en juillet 2006.

Ingénieur chez Delphi, un équipementier automobile, j'avais toujours rêvé d'une carrière à l'étranger. Lorsque l'occasion d'une affectation au site de Séoul s'est présentée en 2002, j'y ai tout de suite vu ma chance de voyager enfin. Après un séjour d'une semaine sur place offert par l'entreprise afin de visualiser notre futur cadre de vie, j'ai postulé avec l'accord de Véronique. Ma seule condition était que je rentre chaque été en France pendant deux mois. Un mois pour me tenir informé des dernières innovations du centre technique à Blois, l'autre consacré aux vacances en Touraine. Jamais je n'ai emmené Véro et les enfants de force en Corée comme l'ont prétendu certains. Il n'existe pas de rapport de domination entre nous.

Véro cherchait en vain du travail depuis des mois, tout en se consacrant beaucoup à Léo et Paul, d'autant que Léo souffrait d'épilepsie. Dans la perspective d'un départ à l'étranger, cette maladie avait d'ailleurs été sa principale inquiétude, mais après la prescription d'un traitement approprié, nous nous sentions prêts pour la grande aventure. Beaucoup plus tard, lors d'un parloir, elle me confiera que cette expatriation lui avait beaucoup apporté : une ouverture sur le monde et les autres.

*
* *

Nous nous étions installés à Séoul le 18 août 2002 dans un premier appartement dont nous avions déménagé le 26 juin 2005 pour occuper un vaste triplex, à environ cinq cents mètres de notre ancien logement.

Fin juin 2006, comme chaque été, nous sommes rentrés pour deux mois de vacances en France, mais j'ai dû repartir en Corée le 18 juillet afin de régler un dossier en souffrance.

Le samedi, ce fut le shopping rituel dans Séoul en compagnie des trois collègues français. Le dimanche était prévu vers 13 heures un cours de coréen avec Jane, la professeure qui m'aidait à préparer un diplôme destiné aux étrangers. Très gentiment, elle m'avait commandé des maquereaux légèrement salés chez un ami à elle, excellent poissonnier basé sur l'île de Jéju. Ce plat très simple, représentatif de la cuisine coréenne basée sur les produits frais me plaisait et j'avais promis à mes parents de leur en rapporter. Une légende locale veut qu'il s'agisse d'un mets royal.

En fin de matinée, un livreur m'a donc déposé une caissette de trois kilos de poissons emballés sous vide. Puisque rien ne pressait avant l'arrivée de Jane, j'ai entrepris de faire de la place dans le congélateur afin d'y ranger à part la caissette. Les trois tiroirs supérieurs étaient pleins. Dans le quatrième, un gros sac en plastique blanc contenait je ne sais quoi enveloppé dans un essuie-mains. Bizarre. J'ai pensé que c'était à Philippe, un copain qui disposait des clefs de l'appartement en notre absence, et qu'il avait stocké quelque chose dans notre congélateur.

J'ouvre le sac et je vois… Je vois une main ! Une main de bébé. Je referme brutalement, sidéré. De longues minutes, je reste planté là, à me dire qu'il s'agit d'un mauvais rêve, que je vais revenir à la réalité, me réveiller. J'ouvre à nouveau la porte du congélo, fouille jusqu'au dernier tiroir. Un autre sac. Un autre bébé ! Là tout se bouscule dans ma tête. Le dégoût, la panique et une totale incompréhension me submergent. Garde ton calme, Jean-Louis. Deux bébés !

Réfléchis. Deux bébés ! J'essaye de comprendre, mais j'arrive à peine à réaliser la gravité de ma découverte. Appeler la police me semble tout de même évident, mais comment expliquer la présence de deux bébés dans un congélateur à l'opérateur lorsqu'on ne baragouine que très vaguement le coréen ? Je sais que j'en suis incapable. Complètement désemparé, je tourne en rond, mon esprit se focalise sur des détails futiles à cet instant, le cours de coréen, les réunions du lendemain. Comme si mon cerveau refusait d'enregistrer ce que j'avais vu, d'en reconnaître la réalité : il y a deux bébés dans mon congélateur !

Je dois retourner à l'essentiel, établir des priorités. Allez, secoue-toi ! Tout à coup, je pense à Choï. Je l'ai connu en 2000 lors de mes premiers voyages en Corée. Ouvert sur le monde, très francophile – nous avions sympathisé avant même mon expatriation –, il m'avait souvent répété de ne pas hésiter à le solliciter en cas de pépin. Je lui devais mes premières connaissances sur l'histoire de la Corée, les rites, les légendes et les relations entre Coréens et Occidentaux.

– Il s'est passé quelque chose de grave, Choï, l'ai-je averti par téléphone. J'ai trouvé des bébés dans mon congélateur…

Le dire à haute voix rend enfin la chose concrète et l'horreur me frappe de plein fouet.

– Hein ? Des bébés ? Vivants ?

– Comment veux-tu qu'ils le soient ? Des bébés morts !

– Je m'occupe de la police et j'arrive. De ton côté, alerte le gardien de la résidence.

Celui-ci, incrédule, me dévisage longuement lorsque je lui répète en anglais « *I found two babies in my freezer*[1] ». Avec le recul, son ahurissement paraît assez normal. Imaginez-vous un type aux cent coups qui répète en boucle une phrase absurde digne d'un refrain macabre de je ne sais quel groupe de rock ! Soupçonnant cependant la gravité de la situation, le gardien me suit et demeure comme statufié lorsque je lui ouvre les tiroirs du congélateur. Mais avant même qu'il puisse réagir, la sonnette de la porte d'entrée retentit. C'est la police qui débarque en force.

Soudain, les pièces sont envahies de flics. Plus d'une quinzaine. Ils fouinent, prélèvent des indices, relèvent des empreintes, récupèrent des cheveux afin d'y trouver des traces d'ADN. Et les interrogatoires débutent. Qui a ouvert le congélateur pour la dernière fois ? Quand ? Comme si je le savais !

J'ai appelé Véronique, en vacances chez une de ses sœurs dans le sud de la France. Là-bas, il devait être environ 7 heures du matin.

1. « J'ai trouvé deux bébés dans mon congélateur. »

– Tu ne dois pas être très réveillée mais écoute-moi bien. Il y a des flics plein l'appartement. J'ai trouvé deux bébés dans le congélateur ! Ils me posent des tas de questions, je ne sais pas quoi leur répondre. Tu m'entends ? Quand as-tu ouvert le congélateur pour la dernière fois ? N'as-tu rien remarqué de particulier ?

– Non.

À la demande de la police, j'ai rappelé Véronique à plusieurs reprises sans que nous parvenions à apporter le moindre élément susceptible d'éclairer nos lanternes.

Finalement, ils m'ont demandé si j'acceptais des prélèvements capillaire et salivaire.

– Bien sûr…

Après avoir signé ma déposition, en début de soirée, j'ai informé Jean-Luc, mon chef, de la situation avant de partir manger quelque chose en compagnie de Choï dans un petit resto. Vu mon état, celui-ci m'a proposé de dormir chez lui ou de prendre une chambre à l'hôtel mais je voulais rentrer chez moi. Dans mon terrier. Seul. À réfléchir, à me demander…

Finalement, j'ai réparé l'immense porte-fenêtre du salon qui ne coulissait plus. Un moyen de me calmer. Même si les questions continuaient de se bousculer dans ma tête : mais qu'est-ce que c'est que ce bordel, qui est venu chez moi déposer ces petits cadavres, qui a pu… ?

Jusqu'à ce que, totalement épuisé, j'aille dans ma chambre où je me suis endormi d'un sommeil de plomb. Oui, j'ai cette chance. Le sommeil est pour moi un refuge et Dieu sait que j'y ai puisé des forces dans les jours et les mois qui suivirent.

Le lendemain, dès 7 heures, des journalistes tuyautés par la police ont réussi à joindre Choï sur son portable. Une heure plus tard, ils appelaient à la maison. Ça commençait… Puis les flics ont effectué devant moi une perquisition au domicile de Philippe, l'ami en possession des clefs de notre appartement durant notre absence. Ils se sont aussitôt dirigés vers le congélateur afin de le fouiller. Ils ne trouvent rien, ils filent dans la chambre, ouvrent le lit, en extraient des poils, des indices divers, incontestablement en vue d'une recherche d'ADN. Bref, ils font leur enquête. Auprès du voisinage également.

La première piste tournait autour de l'accouchement clandestin d'une inconnue pendant notre séjour en France car une voisine avait dit avoir vu une jeune femme blonde s'introduire dans notre domicile, le 13 juillet. À l'aide d'un révélateur de fluides corporels et d'un néon noir, les enquêteurs ont en effet mis en évidence des traces de sang dans un petit cabinet situé à côté du salon. Ces traces traversaient la cuisine pour aboutir au pied du congélateur. Mais l'inconnue restait introuvable...

Bien sûr, les journalistes ont recommencé à m'appeler ou à planquer alentour. Dans la rue stationnaient désormais des grappes de reporters qui m'assaillaient chaque fois que je mettais le nez dehors. Jean-Luc m'a incité à prendre une chambre dans l'hôtel où demeurait la petite délégation de collègues venue de France. J'ai fourré dans un sac quelques vêtements, un nécessaire de toilette. Au moment où je sortais de chez moi, un journaliste m'a posé une question complètement farfelue, révélatrice du climat d'hystérie qui entourait déjà cette affaire :

– Il paraît que vous vivez à plusieurs familles dans cet appartement ?

Mais où allaient-ils chercher ça ? Sans répondre, j'ai filé rejoindre mes collègues.

Le lendemain, des avocats coréens mis à ma disposition par Delphi se sont penchés sur le dossier afin de savoir si je pouvais rentrer en France. Rien ne s'y opposait puisque l'on n'avait pas confisqué mon passeport. Le procureur m'a donc autorisé à partir après un dernier rendez-vous avec la police le soir même, vers 20 heures, pour une ultime inspection de la maison.

Après avoir évité les journalistes présents dans les rues avoisinantes, j'ai donc retrouvé chez moi les policiers, en compagnie d'un employé de l'entreprise gérante des systèmes d'alarme. Encore une fois, Choï faisait l'interprète. J'étais persuadé que si une personne étrangère s'était introduite à l'intérieur de la maison, un membre de cette société devait être complice : comment expliquer en effet qu'on n'ait trouvé aucune trace suspecte sur le relevé de l'alarme ?

Mais au fur et à mesure des palabres, le regard de Choï s'assombrissait. Un flic s'est dirigé vers la salle de bains, a soulevé le couvercle du panier de linge sale où il a plongé la main.

– Je peux emporter ça ? a-t-il demandé en s'emparant de sous-vêtements.

– Bien sûr.

À cet instant, j'ai lu dans les yeux de Choï que les soupçons s'orientaient désormais vers notre couple. Je l'avais déjà compris et cela m'amusait presque. Ces gars, après tout, faisaient leur boulot, mais là ils se plantaient complètement avec cette hypothèse hallucinante ! Car ce qu'ils ignoraient, c'est que Véronique avait subi une hystérectomie (ablation de l'utérus) trois ans auparavant, et que par conséquent nous ne pouvions plus avoir d'enfants.

Je décidai de les laisser patauger dans leur délire sans protester : ils s'apercevraient d'eux-mêmes qu'ils avaient fait fausse route. Je les ai regardés faire... Ils se sont aussi intéressés à l'ordinateur familial afin de déterminer si quelqu'un l'avait utilisé durant notre absence. Aucune trace de consultation d'Internet. Rien.

La perquisition terminée, j'ai fermé la maison, remis les clefs aux enquêteurs avant de prendre l'avion le lendemain. Je suis reparti serein, au moins en ce qui nous concernait, Véro et moi, heureux de retrouver les miens, persuadé que les enquêteurs allaient rapidement réaliser l'incohérence de leurs soupçons et résoudre cette détestable énigme.

*
* *

Quand j'ai retrouvé Véro à Souvigny, nous nous sommes longuement étreints. Elle semblait heureuse. Heureuse que les Coréens ne m'aient pas gardé. Tout simplement.

Inutile de me poser des questions puisque je ne parlais que de ça. Elle écoutait, me dévisageait, paraissait stupéfaite. Il ne m'est jamais venu à l'esprit de lui demander si elle avait une bribe d'explication. Elle avait quitté la Corée pour les vacances en même temps que moi, elle ne pouvait pas plus que moi savoir ce qui s'était passé.

Quelques jours se sont écoulés et le dimanche, à l'heure du café avec des copains qui cassaient la croûte à la maison, le téléphone a sonné.

– T'es au courant ? m'a demandé Choï.

– Au courant de quoi ?

– Ici, d'après les journaux, tu es le père.

– Hein ?

– Ça tourne en boucle à la télé depuis vendredi soir. Ils rabâchent que les analyses ADN te désignent comme le père.

– Qu'est-ce que…

Le ciel m'est tombé sur la tête. Je savais que c'était impossible ! J'avais joué le jeu, accepté les prélèvements, et on voulait me coller sur le dos une horreur dont je n'étais en rien responsable. À cet instant, l'inquiétude m'a vraiment gagné. En fin de journée, j'ai appelé le commandant Hamel, l'officier de police basé à l'ambassade de France à Séoul, pour lui expliquer la situation.

– Je suis au courant depuis jeudi, a-t-il répondu. Les Coréens m'avaient demandé de ne pas vous prévenir.

Le silence officiel d'un côté, la com par voie de presse de l'autre. Je trouvais cette connivence entre la police et les médias de plus en plus douteuse. Hamel m'a assuré qu'en France aussi les reporters récoltaient les informations dans les couloirs des commissariats, sans que j'en croie un mot. Quel naïf !

Le lendemain, j'ai appris que le cabinet d'avocats mis à ma disposition à Séoul par Delphi ne me représentait plus. Depuis le résultat des analyses ADN, il considérait en effet que cette affaire était d'ordre privé et ne les concernait pas. Or si nous étions en Corée, c'était bien pour Delphi. Donc j'estimais que l'entreprise devait nous aider. Pour moi, évidemment, il n'était pas question d'une affaire privée. Ma vie privée se situait à mille lieues de cette histoire ! Il ne pouvait s'agir que d'un coup monté : quelqu'un avait utilisé notre appartement normalement inoccupé pendant deux mois, sans imaginer un seul instant mon retour anticipé pour raisons professionnelles. Cet imprévu avait interrompu quelque chose. Quoi ? Mystère. L'hypothèse d'un complot, visant à me salir, sur fond d'intérêts économiques dans un secteur très concurrentiel a été émise par certains. Je ne l'ai pas combattue mais, dans ma logique, ces bébés constituaient le maillon d'un trafic ignoble. Un processus criminel.

Malgré la très forte pression médiatique et de probables écoutes téléphoniques, mes amis coréens me conseillaient de rester en France.

– Ne rentre pas, Jean-Louis, ça sent trop mauvais. Nous te croyons, nous savons que tu es innocent, me répétaient-ils.

*
* *

En Corée, la presse m'a aussitôt inventé un profil de riche homme d'affaires, installé en Asie pour jouir de l'exotisme local des bars à putes.

Les journalistes allaient jusqu'à m'octroyer trois ou quatre maîtresses dont la police aurait retrouvé la trace après avoir interrogé les voisins et épluché mes relevés bancaires et téléphoniques. À Séoul, fleurit une presse de caniveau qui n'a rien à envier à celle des Anglais. Plusieurs titres à fort tirage disputaient une course effrénée aux scoops bidon, aux ragots les plus sordides. Et les quelques quotidiens réputés sérieux se faisaient à leur tour l'écho des élucubrations de leurs confrères. Présenté comme un personnage à mi-chemin entre le soldat américain en permission et le colon le plus abject, j'en prenais pour mon grade. Je savais bien qu'il s'agissait d'un ramassis de foutaises, mais me voir ainsi traîné dans la boue me blessait au point d'éprouver de la colère. Parce que j'aimais ce pays, et tout simplement parce que cette image était à l'opposé de ce que je suis. Je pensais à tous mes amis coréens contraints d'écouter ces racontars relayés à longueur de journée par les radios et les télévisions.

Toujours par presse interposée, j'ai appris que la police coréenne souhaitait m'entendre sans réussir à me joindre. Ils possédaient pourtant toutes mes coordonnées !

– Rentrez à Séoul pour vous expliquer, m'a conseillé à plusieurs reprises, par téléphone, le commandant Hamel.

– Mais pourquoi ? rétorquai-je. Ça ne sert à rien si d'autres analyses ne sont pas effectuées par un laboratoire différent.

– Croyez-moi, il vaut mieux que vous reveniez ici de votre plein gré pour vous expliquer.

– Pour expliquer quoi ? Que le NISI[1] est corrompu ?

Le commandant sous-entendait que je risquais d'être ramené de force à Séoul. Cette perspective m'a coupé les jambes. Les événements prenaient une très sale tournure. Devant mon refus, Hamel m'a invité à joindre monsieur Park, son homologue coréen en France.

Me rendre à l'ambassade de Corée à Paris pour déposer devant ce policier ne me posait aucun problème, mais malgré tous mes efforts, je n'y suis jamais parvenu. L'ambassade faisait barrage à mes

1. National Institute of Scientific Investigation.

appels. J'ai téléphoné une fois, deux fois, trois fois… demandant à parler à monsieur Park. Invariablement, on me répondait : « Il n'est pas disponible, rappelez dans l'après-midi. » J'ai laissé des messages afin qu'il puisse me joindre. Rien ! J'ai fini par lui envoyer un mail avec mes coordonnées, m'étonnant de ce silence. Je tenais à laisser une trace écrite. Aucune réponse.

Un peu plus tard, nous avons appris, toujours par la presse coréenne, que les tests ADN pratiqués sur les brosses à dents saisies dans la salle de bains désignaient Véronique comme étant la mère des bébés.

Mais c'était impossible !

Plus les événements se succédaient, moins cette histoire tenait debout. Véro ne pouvait pas être la mère de ces bébés alors qu'elle avait subi une hystérectomie trois ans auparavant. Ou alors elle aurait accouché avant cette opération et elle aurait gardé ces corps des années dans un congélateur ? Insensé ! En plus, arrivés en Corée en 2002, nous avions changé d'appartement en 2005. Ce qui signifiait que nous aurions, par-dessus le marché, déménagé les bébés ! Je ressassais ces hypothèses absolument surréalistes. Non, Véro ne pouvait pas avoir accouché de deux bébés. Pas à mon insu, je n'étais pas aveugle ! Et puis, plus personne ne semblait se soucier du témoignage de cette voisine qui avait vu une jeune femme blonde pénétrer chez nous, ni des traces de sang découvertes dans l'appartement. Et pourquoi m'avait-on laissé repartir en France pour annoncer à la presse ma paternité le surlendemain ? Je ne remettais pas en cause les compétences techniques du NISI, le laboratoire médico-légal coréen qui avait pratiqué les analyses ADN, mais sa bonne foi. Sans l'ombre d'un doute, nous étions victimes d'une manipulation. Certains avaient intérêt à corrompre le système, quelqu'un tirait les ficelles d'un mauvais polar où nous n'étions que des dégâts collatéraux. Comment pouvait-il en être autrement ?

Que l'on s'attaque à moi était déjà odieux, mais qu'on s'en prenne à ma femme m'était insupportable. D'autant qu'elle a accusé le coup de façon terrible. À partir du moment où les tests ADN l'ont impliquée, Véronique s'est effondrée. Elle semblait complètement perdue. Son regard, si expressif auparavant, est devenu absent. Vide.

Bien sûr, ici, j'entends les incrédules : « Et pas une seconde vous ne l'avez soupçonnée ? » À cela je réponds : « Autorisez-moi, je vous en prie, à être un homme simple, qui vit avec sa femme depuis près de vingt ans, qui forme avec elle un couple normal, uni, qui a deux fils dont leur maman s'occupe avec tendresse et attention, et je la soupçonnerais de m'avoir fait deux enfants dans le dos puis de les avoir tués ? Mettez-vous à ma place : vous l'auriez fait, vous ? »

Cela dit, si je me mets, moi, à la place du lecteur qui découvre la nouvelle dans le journal, évidemment, sur le coup, je pense comme lui : quel est donc ce benêt qui n'a même pas été fichu de deviner quoi que ce soit ?

Eh bien non, je ne suis pas devin. Et je n'ai rien pressenti non plus. Comme tout le monde, je me suis parfois posé des questions sur certains soucis de notre couple, mais pour trouver des solutions à des problèmes précis. Je n'ai jamais « analysé » le couple Courjault, ni surtout Véronique. Quant à « deviner », comment pourrait-on pressentir quelque chose que l'on ne connaît absolument pas ?

Je restais donc sur mes positions : quelqu'un, directement ou indirectement, cherchait à nous nuire.

Il fallait agir puisque rien n'avançait. J'ai envisagé de prendre un avocat coréen figurant sur la liste fournie par Delphi. Celui que j'ai contacté exigeait d'entrée cinq mille dollars pour accepter le dossier et l'éplucher. En France, la banque était prête à débloquer les fonds et à effectuer le virement. Mais ma sœur Béatrice a souligné que la bataille ne se jouerait pas forcément à Séoul. À l'en croire, mieux valait prendre un avocat français et ne pas retourner en Corée. Fuir ! Cette idée me déplaisait et, sans en parler autour de moi, j'ai failli prendre un avion afin d'aider à élucider ce mystère sur place. Nuit et jour, j'ai ruminé jusqu'à me ranger finalement à l'avis de Béatrice. Il valait mieux se battre en France, en terrain connu. Le contact avec maître Marc Morin, qui naviguait en famille au large de la Croatie, s'est noué par l'intermédiaire de ma sœur. Au téléphone, il m'a conseillé de rester calme, de ne pas quitter la France, promettant de se pencher sur le dossier dès son retour de vacances.

*
* *

Les médias français se sont alors emparés de l'affaire. *Le Figaro* a ouvert le bal le 8 août. Les autres lui ont emboîté le pas.

Sur les conseils de maître Morin, rentré précipitamment, nous nous sommes présentés volontairement devant les services de police à Tours puisqu'une information judiciaire avait été ouverte le 10 août. C'était le moment d'expliquer notre position.

Je me suis retrouvé face au commandant Béjeau, qui faisait fonction de commissaire. Véronique était interrogée dans un autre bureau. Ma déposition a été recueillie dans le calme et la courtoisie. J'ai eu le temps d'expliquer mon histoire, le cours de coréen, les maquereaux, la découverte, la coopération avec la police, la presse, le retour en France. Ensuite j'ai souligné les incohérences : l'hystérectomie, l'hypothèse folle de deux grossesses à mon insu, celle encore plus folle du meurtre des nouveau-nés, l'absurdité de conserver les corps sous mon nez, dans un congélateur auquel j'avais aussi accès. Bref, j'ai contesté ces résultats ADN en indiquant que pour l'instant nous maintenions le retour en Corée prévu pour la fin du mois d'août. Nous avons signé nos dépositions avant de repartir libres, persuadés que le vent allait enfin tourner.

À ce moment, mon père a noté un fait inhabituel. Sylvie Pantz, une haute magistrate, avait été détachée à Orléans pour répondre aux questions de la presse. L'affaire prenait une tournure internationale et il fallait sans doute soigner les relations avec les Coréens.

À Souvigny, les journalistes campaient dans le jardin, certains cameramen collaient leur objectif aux fenêtres de la cuisine. Un jour, des reporters coréens ont sonné à la porte. Trois personnes équipées d'une caméra et d'un micro baissés vers le sol. Trois jours plus tard, j'ai appris par des amis vivant à Séoul qu'ils m'avaient filmé en caméra cachée pour diffuser les images d'un homme ahuri et mal rasé qui tentait d'exprimer sa colère.

Le Figaro en a remis une couche le 12 août sous la plume d'une pigiste bien mal informée ; un article hallucinant selon lequel nous étions inconnus de la communauté française, nos enfants n'étaient pas inscrits à l'école, bref nous devions vivre de façon très marginale... Ce papier m'a littéralement scié. Nous habitions là-bas depuis quatre ans, nos enfants avaient toujours fréquenté l'école française. Véronique y avait repris l'organisation des activités extrascolaires du lycée avant d'y travailler comme assistante maternelle à partir de 2005. Je venais de participer à une pièce de théâtre devant des centaines de personnes, essentiellement issues de la communauté française. Nous n'étions pas des mondains, certes, mais pas non plus des misanthropes vivant reclus. Les mensonges s'accumulaient ! Furieux, j'ai expédié un mail à tous les gens de notre connaissance à Séoul afin qu'ils indiquent aux reporters que nous n'étions pas des sauvages. Il s'agissait de contrer les journaux français et de combattre l'orientation de l'enquête sur le « couple meurtrier ».

Chaque fois que je m'installais devant l'ordinateur, inquiet d'y découvrir de nouvelles inepties, Véronique me jetait des regards à la dérive. Elle ne parlait pas mais semblait complètement déboussolée. Plus que jamais, elle se consacrait aux enfants, auxquels nous n'avons rien caché de la gravité des faits survenus dans notre appartement.

– Un crime ? s'est inquiété l'aîné.

– Oui, un crime. Et si les choses ne s'arrangent pas rapidement, nous ne pourrons pas retourner à Séoul.

Les deux garçons, alors âgés de dix et onze ans, n'ont pu retenir leurs larmes. Des torrents de larmes. Ils vivaient là-bas depuis quatre ans, adoraient l'appartement, le jardin et ses murets sur lesquels ils jouaient pendant des heures lorsqu'ils ne faisaient pas du roller sur les petits chemins pavés de la résidence. Leur vie, leurs copains se trouvaient là-bas. Soudain, tout s'effondrait. Un moment rendu extrêmement pénible par la brutalité de leur réaction. Je comprenais qu'ils soient tristes, mais leur accablement m'a sapé le moral et renvoyé à ma propre enfance : pour suivre mon père, ingénieur géophysicien dans la prospection pétrolière, nous avions dû quitter la France. Un choc déjà difficile à encaisser pour un enfant en temps normal. Le même choc se produisait avec mes fils, en sens contraire, et dans un contexte autrement plus lourd.

Face à l'hystérie médiatique déclenchée par cette affaire, une conférence de presse me semblait indispensable. Il fallait calmer les journalistes et aussi annoncer qu'on ne retournerait pas en Corée. Maître Morin s'est chargé d'organiser la rencontre.

Le plus difficile fut de convaincre Véronique, timide de nature et peu expansive. De mon côté, remonté comme un coucou, je voulais rendre des coups.

Le week-end du 19 août, une amie m'a aidé à rédiger le message destiné aux médias. Le 21, j'ai informé le commandant Béjeau de notre intention de ne pas rentrer en Corée. Le 22 août, face à une meute de journalistes nous avons affirmé l'essentiel : ces bébés n'étaient pas les nôtres, nous contestions les résultats ADN du NISI, des contre-analyses devaient être pratiquées en France et nous ne rentrerions pas en Corée dans les conditions actuelles.

Véro, totalement désorientée dans cette ambiance de corrida, a répété d'une voix blanche quelques mots de dénégation. Dans son esprit devait souffler une véritable tempête. Elle se tenait à côté de moi mais était absente. Pour ma part, je voulais balayer tous ces ignobles racontars.

Depuis quelque temps, la tension diplomatique semblait monter car les autorités françaises, par la voix de madame Pantz, se plaignaient de l'absence d'informations en provenance de Corée. Malgré l'ouverture d'une enquête préliminaire en Francc, le procureur ne disposait que d'une compilation d'articles de presse. Selon madame Pantz, « il était impossible d'ouvrir une information judiciaire contre X sans détenir la preuve que ces deux bébés avaient respiré un jour et qu'ils avaient été tués. Avaient-ils été étouffés, étranglés, ou piqués ? Pour l'instant, les Sud-Coréens pouvaient continuer à dire que c'était l'ADN des Courjault, du pape ou de Jean-Marie Le Pen… Qu'ils nous apportent les documents traduits en français avec des preuves. »

De son côté, la presse coréenne se faisait l'écho de sa police, espérant que la France allait « coopérer pleinement afin de résoudre ce dossier sans différend diplomatique ».

Enfin on avançait ! La justice française semblait prendre les choses en main avec fermeté et j'étais persuadé que la machination allait se retourner contre ceux qui l'avaient ourdie. Deux options se profilaient. Soit l'affaire, dont j'ignorais les tenants et les aboutissants, allait s'éteindre sous un voile diplomatique. Les soupçons resteraient, notre innocence ne serait pas établie. Soit toute la lumière allait être faite sur le NISI. Alors oui, on pouvait me reprocher de mettre en doute la bonne foi d'un laboratoire scientifique. Mais je n'en démordais pas : comment ne pas se poser de questions puisqu'en aucun cas nous ne pouvions être les parents de ces bébés ? D'ailleurs, un mois plus tard, le 20 septembre, maître Marc Morin a reçu un mail anonyme de Corée mettant en cause la crédibilité du NISI dans une précédente affaire. De quoi confirmer mes soupçons. Un an auparavant, la prestigieuse Université de Séoul avait été entachée par les révélations du professeur Hwang, affirmant avoir cloné le premier embryon humain. Ses déclarations avaient tenu le monde scientifique en haleine et pourtant, elles s'étaient révélées fausses. Complètement fausses ! Cette affaire avait englouti des millions de dollars de subventions et sérieusement écorné l'image de la nation. Alors que faire ? Qui croire ? La réputation d'un organisme suffisait-elle à le laver de tout soupçon ? Pour moi, le NISI, ou quelqu'un au NISI, trafiquait je ne sais quoi et nous étions des victimes innocentes, simples pions d'un jeu macabre dont nous ignorions les règles.

Toujours par voie de presse, nous avons appris le 18 août que la France demandait le dossier et les échantillons ADN tandis que la Corée souhaitait envoyer ses enquêteurs pour nous entendre et sollicitait officiellement la coopération française.

Côté ambassade de France, j'insistais auprès de la consule pour qu'elle obtienne l'envoi des bébés, ou d'échantillons prélevés sur les corps, afin que de nouvelles analyses aient lieu en France. Après de longs jours d'attente, les événements se sont précipités fin septembre. Le parquet de Tours a enfin reçu le dossier coréen. Mais toujours pas d'échantillons, pourtant prélevés en présence de la consule…

À Souvigny, la mort dans l'âme, les enfants ont fait leur rentrée. Véronique passait le plus clair de son temps avec eux afin de les réconforter et de leur occuper l'esprit. Le soir, elle restait de plus en plus tard auprès d'eux, à lire des histoires, à leur parler jusqu'à ce qu'ils s'endorment. Avec moi, elle se montrait affectueuse, câline, mais toujours avec ce regard dans le vague. À aucun moment elle n'a tenté de manipuler qui que ce soit, de faire croire quelque chose, d'émettre une supposition. Elle ne disait rien, même lorsque je la secouais gentiment afin d'obtenir son avis. Un jour, exaspéré, je lui ai affirmé avec véhémence que ce n'était qu'un ramassis de conneries puisqu'elle ne pouvait plus avoir d'enfants depuis décembre 2003. Et j'ai tourné les talons, sans même lui laisser le temps de répondre.

Nos amis, nos deux familles, tous partageaient la même incompréhension et nous encourageaient à mener la bataille. Nous explorions des pistes, tricotions des scénarios plus tordus les uns que les autres, mais je restais accroché à l'espoir d'analyses effectuées en France qui contrediraient les conclusions coréennes.

Cet espoir s'est concrétisé le matin du 26 septembre. Le commissariat de Tours m'a appelé au travail pour que nous y passions dans les prochains jours. Il s'agissait de subir un prélèvement en vue d'analyses comparatives. J'étais persuadé que l'issue de cette affaire était imminente, et nous nous sommes rendus à Tours l'après-midi même. Le commandant Béjeau n'exigeait pas les échantillons dans la minute, mais je voulais en finir au plus vite. Il était temps de mettre les pendules à l'heure, de régler les comptes.

Du moins était-ce ma certitude.

*
* *

Le 10 octobre, maître Morin m'a appelé à l'usine, où j'avais repris le travail.

– Monsieur Courjault, le journal de 13 heures de France 2 va annoncer que les résultats des analyses ADN effectuées en France sont positifs.

Il a ajouté qu'au vu de ces résultats, ma femme et moi serions très certainement placés en garde à vue. Le sol s'ouvrait sous mes pieds.

Je suis parti déjeuner, enfin j'ai marché tel un somnambule jusqu'à la cantine au côté de mon chef, Jean-Luc, qui m'exhortait à rejoindre Véronique.

– Mais qu'est-ce qui se passe, Jean-Luc ? Je n'y pige rien. Ça veut dire quoi, « positifs » ?

– Je n'en sais rien mais il existe certainement une explication. Calme-toi et va retrouver Véronique.

Véronique m'attendait à Souvigny. L'urgence était de faire garder les enfants puisque, selon maître Morin, la garde à vue s'annonçait désormais inévitable. Mes beaux-parents ont pris en charge les deux garçons avant que nous filions à Tours chez ma sœur Béatrice où devait nous rejoindre maître Morin.

Dans la voiture, je conduisais au radar. Les questions se bousculaient dans ma tête. Désormais, plus de complots à déjouer, plus de traquenard, des analyses vérifiées, et pour moi de nouveaux et terribles points d'interrogation. Je regardais de temps à autre Véronique. Elle restait obstinément silencieuse, ses yeux perdus reflétant la détresse et l'incompréhension.

Arrivé chez Béatrice, j'ai appelé le commandant Béjeau.

– Où êtes-vous ? m'a-t-il immédiatement demandé.

Je lui ai indiqué l'adresse de ma sœur. En fait, nous avions devancé les policiers qui, eux, étaient en route pour Souvigny.

– Ne bougez pas, on arrive.

Effectivement, quelques minutes plus tard, ils ont débarqué à bord de deux véhicules. Leur première initiative fut de nous séparer, courtoisement mais promptement.

– Ne dis que la vérité et tout se passera bien.

Voilà ce que j'ai eu le temps de dire à Véro avant le transfert au commissariat. Je croyais encore à une explication acceptable.

Durant ce très court trajet, j'ai remis à Béjeau un CD-Rom sur lequel figuraient des photos de Véronique prises entre 2002, notre arrivée à Séoul, et 2003, son hystérectomie. Aucune d'entre elles ne pouvait laisser soupçonner une grossesse.

– Les résultats des tests ADN me suffisent, me dit-il. Ils valent toutes les photos que vous pourrez me donner. Je ne sais pas ce qui s'est passé mais votre femme a été enceinte. À vous de m'expliquer.

Au moins annonçait-il clairement la couleur. Des journalistes faisaient déjà le pied de grue devant l'hôtel de police.

À la PJ, la litanie des questions a débuté. Je ne comprenais toujours rien et me sentais totalement incapable d'éclairer les policiers qui m'interrogeaient. Les résultats ADN étaient incontestables, je ne pouvais qu'accepter la paternité de ces enfants mais sans l'expliquer et sans jamais avoir vu Véro enceinte en Corée. La réalité vécue opposée à la réalité scientifique. Qui pouvait affirmer avoir vu Véro enceinte ? Personne. Moi encore moins que les autres.

Le dialogue de sourds a duré jusqu'au moment où, assez tard dans la nuit, on m'a placé en cellule. Lessivé, selon mon étrange capacité à trouver refuge dans le sommeil, je me suis endormi comme une souche.

Le lendemain matin, mêmes questions, mêmes réponses. Ils m'invitaient désormais à échafauder des hypothèses… sans plus de succès. À aucun moment le commandant Béjeau ne s'est énervé. Il paraissait simplement dubitatif. Compréhensible. On m'a ramené en cellule avant de reprendre l'interrogatoire en fin de matinée.

Tout à coup, le couloir a été agité par un va-et-vient. Béjeau a quitté promptement le bureau, laissant la porte entrouverte. Et là, j'ai cru comprendre que Véro avait quelque chose à dire mais exigeait de me parler auparavant. On m'a conduit auprès d'elle, encadrée par de nombreux flics et une femme qui, par la suite, a été présentée comme une psychologue. À ce moment-là, Véro, assise sur un banc, a levé ses grands yeux.

– Je crois que ça a assez duré. Je vais dire la vérité.

Curieusement, ce fut comme une délivrance. L'idée avait fait son chemin dans ma tête en vingt-quatre heures de garde à vue mais je la refusais. Là, plus moyen de se voiler la face : la situation était claire. Mais la délivrance, douloureuse. À ce moment-là, la souffrance devient physique, se répand dans les muscles, l'estomac, les tripes.

– Mais tu n'as pas fait ça ? C'est pas possible…

Elle n'a pas répondu. Elle était dans un état de sidération tragique. J'ai non pas compris mais *su* qu'elle se posait la même question et qu'elle s'en trouvait terrifiée, anéantie. Alors je me suis accroupi près d'elle et l'ai prise dans mes bras.

– Ma Véro, pourquoi ? Tu as dû vivre un enfer…

Et là, stupéfait, je l'ai entendue me répondre :

– Je ne sais pas…

Aussitôt, les policiers nous ont séparés.

*
* *

Mon esprit avait immédiatement visualisé la scène. Mettre au monde un bébé, le tuer, mettre au monde un autre bébé, le tuer… Et puis, encore sous le choc de ces aveux, j'ai été anéanti par la révélation d'un troisième infanticide antérieur, datant de 1999. Pis, c'est moi qui, involontairement, avais aggravé notre cas.

Durant la garde à vue, plus exactement lors de la perquisition menée chez nous à Souvigny, j'avais en effet évoqué une vague suspicion de grossesse durant des vacances au Maroc. Lors de ce séjour de cinq semaines, Véronique s'était montrée parfois irritable, tout en évoquant une grande fatigue.

– Dis donc, tu ne serais pas enceinte ? lui avais-je demandé.

Hypothèse qu'elle avait formellement écartée, admettant juste avoir pris quelques kilos. À l'époque, je n'y avais pas prêté attention outre mesure. Pour moi, si elle disait ne pas être enceinte, elle n'était pas enceinte. Point. Le sujet était clos.

L'anecdote, pour autant, n'était pas tombée dans l'oreille de policiers sourds. Dès les aveux de Véronique au sujet des deux bébés de Séoul, ils l'ont questionnée sur cet épisode. Et elle a reconnu ce troisième crime, expliquant avoir brûlé le corps du nouveau-né dans la cheminée de la maison que nous occupions alors en Charente-Maritime à Villeneuve-la-Comtesse.

Comment en était-elle arrivée à tout lâcher ainsi, après des semaines de dénégation ? L'intervention de la psychologue y était-elle pour quelque chose ? Le choc de la garde à vue avait-il fait céder ses défenses inconscientes ? Car j'étais sûr – et je le suis toujours – qu'elle n'avait pas volontairement menti. Je n'étais pas du tout au fait du déni de grossesse, à l'époque. Plus tard, le docteur Félix Navarro, président de l'Association française pour la reconnaissance du déni de grossesse (AFRDG), a déclaré que dès notre conférence de presse, il avait compris qu'il s'agissait d'un déni. Mais parce qu'il connaissait ce sujet par cœur.

Ce n'était pas mon cas, ni malheureusement celui de tous ceux qui s'apprêtaient à juger cette affaire, que ce soit dans la presse, au tribunal, ou dans une partie de l'opinion publique.

Trois infanticides ! Ça lui ressemblait tellement peu que ces actes n'avaient pu être que le fait d'une « autre » Véro, sans doute ignorée d'elle-même. Où était passée la maman poule ? Où était passée la femme tendre et paisible, à côté de laquelle j'avais vécu pendant dix-huit ans ? Comment l'imaginer en froide criminelle ? Ces gestes appartenaient à une personne perdue. De quoi installer au plus profond de moi un sentiment de culpabilité. Je n'avais pas vu ma femme, la femme de ma vie, dériver. Être enceinte à côté de moi. Les questions menaçaient de faire éclater ma tête. Tout cela n'avait aucun sens. Qu'avais-je fait de travers pour en arriver là ? Comment m'étais-je comporté ?

J'étais quand même en première ligne, je me sentais donc concerné, impliqué. Je cherchais à dérouler le fil de notre vie, mais je ne pouvais pas savoir ce que j'avais mal fait ou pas fait sans Véro pour m'apporter sa version, son vécu. Je ne voyais dans cette descente aux enfers qu'un échec terrible de notre couple – dont j'étais si fier –, et j'y étais sans doute pour quelque chose, mais quoi ? Je me rendais juste compte que ces crimes n'avaient pas été motivés par un quelconque intérêt, ni préparés dans une quelconque logique : c'étaient des crimes de désespoir, de panique.

D'inconnu.

Véronique elle-même pouvait-elle les comprendre ? Il m'apparaissait que non, à coup sûr.

Mais cela n'atténuait pas pour autant mon tourment, si illogique fût-il : je me reprochais de ne pas connaître une femme qui ne se connaissait pas elle-même.

*
* *

Durant la garde à vue, à l'occasion des changements de cellule, nous nous sommes croisés à deux reprises. Dans les yeux de Véronique se lisait un vide absolu. Impossible d'y discerner le moindre sentiment au moment où je lui ai dit que je serais toujours là pour elle.

Menottés (pour éviter tout geste fatal), chacun dans une voiture, on nous a conduits au palais de justice distant d'environ deux cents mètres, la meute des journalistes lancée à nos trousses. Durant trois heures, j'ai attendu à la souricière pendant que la juge d'instruction procédait à l'interrogatoire de Véro.

– Comment vous sentez-vous ? m'a demandé le commissaire Catto, patron du SRPJ d'Orléans.

– Comme quelqu'un qui vient de prendre un semi-remorque en pleine poire…

Avec le recul, la banalité vaseuse de sa phrase me laisse croire qu'il voulait seulement voir « la bête » de ses propres yeux.

Durant toute la garde à vue, les enquêteurs qui m'avaient senti incapable de répondre aux questions qu'eux-mêmes se posaient sont restés corrects. Les aveux de Véronique les avaient estomaqués. Pourquoi avait-elle agi de la sorte ? Ils s'interrogeaient tout autant que moi. Un détail semblait les turlupiner : pourquoi ne l'avais-je pas appelée immédiatement depuis Séoul au moment où j'avais trouvé les bébés ? Mais comment y aurais-je pensé une seconde ? Pourquoi l'aurais-je paniquée en plein milieu de la nuit en France pour un problème dont j'étais persuadé alors qu'elle ignorait tout ? N'empêche, un des flics, un grand baraqué aux cheveux blancs, n'en avait pas démordu. Lui, dans la même situation, aurait averti son épouse avant la police. Il aurait donc aussitôt plus ou moins soupçonné sa femme ! Pas moi. Une explication à l'inexplicable, voilà ce que ce type attendait… Et après les aveux de Véro, ma situation était devenue encore plus intenable. Leur conviction s'était révélée être la bonne mais je niais toujours m'être aperçu de quoi que ce soit. À partir de cet instant, il m'a fallu me battre contre l'idée préconçue qu'un mari discerne obligatoirement l'état de grossesse de sa femme, ce à quoi je croyais moi-même dur comme fer quelques heures auparavant. En réalité, je me tenais au pied du même mur d'incompréhension qu'eux. D'autant que je nous avais décrits comme un couple uni, complice, deux époux attentifs l'un à l'autre.

Lorsque les deux portes du bureau de la juge d'instruction se sont ouvertes, son regard disait clairement : « Toi, mon lascar, tu ne vas pas t'en sortir sans frais. » Dans sa logique, le mari devait tenir le beau rôle. Non seulement l'idée de mon innocence ne l'effleurait pas, mais je portais forcément une responsabilité essentielle dans la détresse de Véronique. Si elle avait commis de tels actes, il existait nécessairement un lien avec mon comportement. Lien que la magistrate essaya d'établir dans les plus brefs délais en m'assaillant de questions : comment pouvez-vous vous décrire comme un couple uni alors que vous n'avez pas vu trois grossesses ? Comment n'avez-vous pas pu constater que votre femme avait accouché puisqu'elle perdait immédiatement le poids du bébé et du placenta ? Comment n'avez-vous pas remarqué la présence de nouveau-nés dans le congélateur pendant aussi longtemps ?

Son scénario reposait sur des grossesses clandestines suivies de l'assassinat des bébés par Véronique ou moi. Pourquoi pas ensemble d'ailleurs… Dans ce même scénario, j'avais appelé les flics afin de me débarrasser de Véronique pour filer le parfait amour avec une quelconque maîtresse. Pourtant, sans l'ombre d'une ambiguïté, Véronique avait répété devant elle comme devant les policiers que je n'avais rien vu.

À l'issue d'une longue audition, malgré son incrédulité et la demande du procureur de me placer en détention, la juge m'a laissé libre sous contrôle judiciaire assorti d'une caution de cinq mille euros. Pourquoi ? Je l'ignore encore. À cause des enfants peut-être. Plus tard, en cours d'instruction, elle explorera la piste d'une vengeance de Véronique contre moi. Avait-elle déjà envisagé cette possibilité dès cette première audition ?

Quoi qu'il en soit, grâce à elle, je pouvais retrouver mes fils, mes proches, ma famille.

Mais sûrement pas ma tranquillité d'esprit.

2

La culpabilisation

Le 12 octobre 2006, tard dans la soirée, j'ai quitté le palais de justice, accompagné de ma sœur qui chargeait la troupe des journalistes pour me frayer un passage jusqu'à la voiture d'une amie, laquelle nous attendait, moteur tournant.

Arrivé chez Béatrice, où plusieurs membres de nos deux familles se trouvaient déjà réunis, il fallut surmonter l'épreuve.

J'ai d'abord serré Léo et Paul dans mes bras. Ahuris. Hébétés. Les yeux secs. Grands ouverts.

– Ça va, papa ? C'est vrai ce qu'on entend ?

– Oui, c'est vrai.

– Ça veut dire que maman va aller en prison ?

– Oui.

Ils se sont aussitôt effondrés en sanglots. Dès le

premier soir, nos fils ont su pourquoi leur mère était écrouée et que l'attente se compterait en années. Je les voyais en larmes, tétanisés, souffrant de partout. Mais je ne voulais pas leur mentir, les leurrer, d'autant que la télévision les renseignait point par point. Je les ai embrassés, rassurés avec des mots sans fond, juste de la tendresse, puis ils sont montés se coucher avec leurs cousins – Dieu merci, ils n'étaient pas seuls.

Après quoi, il a fallu affronter le reste de la famille. Personne ne croyait aux aveux de Véro. Tous étaient persuadés qu'elle avait craqué sous la pression de la garde à vue. Il m'a bien fallu leur dire qu'elle m'avait tout avoué, à moi aussi, et que je l'avais crue. Et tous de se récrier « mais non, ce n'est pas possible, elle n'a pas fait ça ! », comme je le disais quelques jours auparavant, énumérant des arguments que je devais maintenant démolir un à un.

Là-dessus, mes beaux-parents sont arrivés de Parnay. Ahuris, démolis, et il a fallu tout recommencer. Ma belle-mère me serrait dans ses bras et je ne pouvais que bafouiller : « Je suis désolé. »

Elle m'a aussitôt répondu :

– Mais non, ne le sois pas, tu n'y es pour rien.

Elle avait bien mesuré le doute qui s'insinuait en moi, et la culpabilisation qui l'accompagnait.

Ensuite mes parents sont arrivés de Chinon et eux aussi ont eu du mal à accepter la terrible réalité.

Jusqu'à très tard dans la nuit, nous avons parlé, parlé... De quoi ? Aucun souvenir précis. De quoi meubler l'angoisse, je suppose...

Puis ils sont repartis et je me suis écroulé au moins une douzaine d'heures. Dormir, dormir, je ne souhaitais que dormir.

*
* *

Dès mon réveil, mes éternels questionnements étaient au rendez-vous. Véronique risquait quoi ? Vingt ans, seize ans ? Même en divisant à la louche par deux, ça faisait dix ou huit années à l'attendre. Les enfants auraient une vingtaine d'années. Se « retrouve-t-on » après un temps pareil ? Moi j'aurais vu ma femme une fois par semaine au parloir, c'est quand même une relation très limitée. Est-ce que je tiendrais le coup sur la distance ? Aujourd'hui je ne suis plus dans le même état d'esprit : je suis dans l'idée de reconstruction, mais à ce moment-là une sourde angoisse me tenaillait, lancinante : est-ce que je « tiendrais » ? Comment maintenir une relation amoureuse en étant séparés sans risquer de la mettre en péril ? Je ne parle pas que de sexualité, mais beaucoup plus largement du vide affectif avec lequel il faut vivre au quotidien. Est-ce qu'un jour viendrait où je me dirais : « Je ne peux plus. On ne peut rien construire dans une telle situation. » Et que dirais-je aux enfants, en pareil cas ? Comment leur infliger ce traumatisme supplémentaire ? Je me souvenais de mes questions de gamin de douze ans quand mes parents se disputaient pour des raisons pourtant anodines : le lendemain, ça me travaillait, ça m'inquiétait…

Dieu merci, par la suite, le problème ne s'est plus posé. D'instinct, Véronique comme moi, sans nous en parler, avons préservé Léo et Paul de ces inquiétudes ; ils ne se sont jamais posé la question de la mise en danger de notre couple. Et comme je l'ai dit, aujourd'hui, vu le verdict (huit ans de prison), je suis dans une tout autre optique : réussir à reconstruire quelque chose. Je ne dis pas que ce sera simple, mais c'est un but que je veux atteindre.

Cependant ce jour-là, encore abasourdi par des révélations que je n'avais pas les moyens de comprendre, et tourmenté par l'idée d'une séparation insoutenable, j'étais moins sûr de moi.

Et pas au bout de mes peines.

*
* *

Le 13 octobre en fin d'après-midi, au lendemain des aveux de Véronique, j'ai appelé le directeur des ressources humaines de Delphi à Blois en lui proposant ma démission au cas où ma lettre de licenciement ne serait pas déjà partie. Ce que j'aurais compris.

– Arrête, Jean-Louis. Mets-toi en arrêt de travail. Tu en as besoin.

Une fois encore, après m'avoir accordé trois semaines de congés supplémentaires en septembre, l'entreprise me protégeait.

Quelques jours plus tard, nous nous sommes tous retrouvés chez mes parents à Chinon. La famille de Véro, ses frères et sœurs, des amis, tout le monde a essayé de répondre à ses propres interrogations, moi le premier. J'étais auprès de ma femme et je n'avais rien vu. J'étais donc présent sans être là. Plus je me repassais le film, moins je comprenais. M'étais-je davantage investi dans le boulot depuis notre arrivée en Corée ? J'avais pourtant tenu à conserver une vie de famille en dépit de journées à rallonge durant les deux premières années. Départ de la maison à 7 heures et retour vers 20 heures, sans compter les réunions tardives et les sorties avec des clients de temps à autre. Véronique et moi dînions et, après le coucher des gosses, comme la plupart des couples, nous nous calions, l'un contre l'autre, devant la télé. Une occasion de se chamailler au sujet des coussins dont chacun espérait s'emparer.

En Corée, de nombreuses sociétés travaillaient six jours sur sept. C'était le cas de mon client. Mais en ce qui me concernait, intervenir le samedi devait demeurer une exception. Lorsque le portable professionnel sonnait le week-end, je ne répondais pas.

L'emploi du temps, géré depuis la France, permettait de prendre les jours de congés prévus. Même si le job en Corée était plus accaparant, plus dense, plus tendu qu'à Blois, il ne m'avait pas transformé en fantôme domestique. Nous sortions en compagnie d'amis coréens ou français, nous avions fait découvrir le ski aux enfants, nous les avions emmenés voir les cerisiers en fleur au printemps, ou les ginkgos et les érables du Japon à l'automne. Nous en prenions plein les yeux. Deux premières années difficiles mais agréables. Les suivantes furent un vrai bonheur. On ne pouvait pas mettre ces infanticides sur le compte de l'isolement, du déracinement ou d'un travail trop envahissant. D'ailleurs, pendant le premier semestre de 1999, lors de la première grossesse clandestine en Charente-Maritime, l'entreprise où je travaillais à l'époque était en plan social et je bossais en roue libre.

En réalité, je l'ai appris par la suite, quand nous sommes partis en Corée en 2002, Véronique se trouvait déjà enceinte de cinq mois au moins. Il s'agissait pourtant d'une période euphorique, pleine de bonnes nouvelles, de projets. Nous avons eu d'excellents moments dès notre arrivée, durant cette phase de découverte où tout semble mieux qu'au pays. Rien n'expliquait, dans mon comportement envers mon épouse, ce qui aurait pu causer de tels dégâts. Mais quand je remontais le fil de notre vie là-bas, il manquait Véro pour me contredire, signaler qu'à tel ou tel moment j'avais raté une marche. Des lambeaux de réponse viendraient beaucoup plus tard. Toutefois, lors de ce week-end familial à Chinon, alors que je me flagellais de toutes ces interrogations, une des sœurs de Véronique s'est approchée :

– Tu sais, Jean-Louis, nous avons beaucoup de ménage à faire dans notre famille. Tu verras, nous sortirons tous plus forts de l'épreuve. Il y a des choses à creuser chez nous…

Que voulait-elle dire par là ? De quelles « choses » parlait-elle ? C'était bien gentil d'essayer de me réconforter, mais cette phrase sibylline n'apportait pas la moindre réponse à mon tourment culpabilisateur, à mon sentiment d'incompétence. Autant que les flics et la juge d'instruction, je ne comprenais pas comment moi, le mari, je pouvais ne pas être mêlé au drame d'une façon ou d'une autre. Impossible de me dédouaner d'un coup de baguette magique. Les enfants se font à deux, s'élèvent à deux, s'assument à deux et là, un gouffre s'ouvrait devant moi.

Quant aux années de prison qui nous attendaient… plus exactement qui l'attendaient, elle, et moi aussi par ricochet, je ne les acceptais pas.

Lorsque je regardais nos enfants, je les acceptais encore moins. Eux aussi me demandaient :

« Pourquoi ? » Que répondre ? Ils conservaient le souvenir d'une mère aimante, dévouée, et ne comprenaient pas…

En quelques semaines, mes fils, rendus matures par la séparation d'avec leurs amis et leurs habitudes, le sont devenus encore plus. La douleur du manque les tenaillait et, déjà très proches, ils paraissaient désormais quasiment jumeaux. Autour d'eux, à l'école, s'est construit un mur de solidarité. Dès la rentrée, les copains passèrent souvent à la maison. Ils les invitaient, ils faisaient barrage aux questions indiscrètes. L'aîné, Léo, s'est réfugié dans les devoirs. Lui qui en Corée figurait en queue de peloton jusqu'à ce que Véro, à force de révisions, le ramène dans la moyenne, caracolait désormais avec le groupe de tête. Félicitations après félicitations.

À Souvigny s'est élevé un autre mur de solidarité au travers des habitants, en particulier de trois femmes, Dominique, Cathy, Anne-Marie, et un homme que je ne connaissais pratiquement pas auparavant, Édouard. Non seulement ils ont aidé les enfants à apprendre leurs leçons, mais ils m'ont aussi constamment épaulé, ne serait-ce qu'en ne me laissant jamais seul à la maison. Pas un soir sans que quelqu'un vienne boire un café ou casser la croûte. Aucun signe d'animosité dans le village. Je m'attendais à des graffitis, des lettres d'insultes... Rien. Ah si, une lettre et un coup de fil anonymes... de soutien. Uniquement des marques de sympathie. De vieux copains, perdus de vue depuis des années, ont donné signe de vie. Je ne dis pas que tout le monde était avec nous, mais ceux qui avaient déjà condamné Véronique ne se sont jamais exprimés devant moi.

Lorsque des journalistes posaient des questions dans le village, ils obtenaient au mieux un silence, plus souvent une invitation à déguerpir. Au bistrot, Florence, la patronne, leur demandait de terminer leurs verres en vitesse... Au bout de ma rue, des reporters avaient déposé des caméras ou des appareils photo sur le rebord de la fenêtre de Raymonde, une figure locale. Du matériel promptement dégagé.

À la maison, les enfants ont pu regarder toutes les émissions consacrées à l'affaire, car si je l'avais interdit, ils auraient récupéré des bribes d'information souvent déformées par quelqu'un d'autre. Leur question demeurait la même :

– Pourquoi maman a-t-elle fait ça ?

– Je ne sais pas exactement. Je pense que maman a eu une maladie, qu'elle n'allait pas bien.

Parce qu'aux inepties répandues jusqu'alors dans les médias succédaient des supputations forcément négatives. Couple pervers ou machiavélique ? Mari complice ? Seul le socle familial et amical me permettait de rester debout car chacun analysait le contenu de ces débats médiatiques au travers de son propre vécu auprès de nous. Cela n'empêchait personne de s'interroger sur cette terrible affaire, mais avec du recul, sans juger.

Il m'arrivait, ne trouvant pas le sommeil, de rester assis sur le canapé une partie de la nuit et de remonter jusqu'à notre rencontre avec l'espoir de mettre le doigt sur un incident qui aurait pu, des années plus tard, prendre une quelconque signification…

*
* *

Véronique, je l'ai connue en 1987 par son frère Thierry et par Jean, un copain d'enfance, responsable d'une association étudiante à la fac de Tours. Vacataire, Véro y assurait des permanences. Je l'avais déjà remarquée lors de soirées dans la cave de ses parents avant que nous nous retrouvions en Sologne, à l'occasion d'un réveillon dans la famille de Jean. C'est là que nous sommes sortis ensemble ; il s'agissait de ma toute première relation sérieuse. Je suis aussitôt tombé éperdument amoureux de Véro, au point de faire plusieurs allers-retours par semaine entre Tours et Poitiers où j'étais étudiant à l'institut universitaire de technologie. J'aimais sa nature simple, gaie, très calme, d'une grande douceur. Un contrepoids idéal à mon tempérament anxieux, tendu, pointilleux. C'était une femme naturelle qui ne se maquillait pas, au propre comme au figuré, ce qui correspondait à mon approche de la vie.

Nous passions nos week-ends ensemble et, lorsqu'en 1989 j'ai décroché un premier emploi chez Renault près d'Étampes, il m'arrivait fréquemment de la rejoindre pendant la semaine à Tours, dans le quartier du Sanitas. L'entreprise mettait à la disposition des salariés des voitures destinées à tester certaines pièces. Une aubaine en ce qui me concernait, qui me fit résilier le bail du studio que je louais à Étampes. Jusqu'au jour où un stupide accident de la route a mis fin à cet arrangement. Afin de couper la poire en deux, je me suis installé dans un studio à Orléans où nous nous retrouvions puis j'ai démissionné de chez Renault pour entrer chez Mecachrome à Aubigny-sur-Nère, dans le Berry, où je travaillais sur des éléments de moteurs de Formule 1. Véronique n'avançait pas dans ses études et s'est installée avec moi dans ce hameau. Elle ne savait pas vers quoi s'orienter, passait ses journées à dévorer des bouquins. Je l'ai incitée à s'intéresser à l'informatique, un monde nouveau, créatif, réellement intéressant, pour lequel existaient des formations courtes et qualifiantes. Inscrite à l'AFPA[1] de Blois,

1. Association nationale pour la formation professionnelle des adultes.

elle y suivait des cours durant la semaine et rentrait le week-end. Environ dix-huit mois plus tard, durant l'été 1994, alors que sa formation prenait fin, elle m'a annoncé être enceinte. Nous étions tous deux aussi surpris que ravis !

De mon côté, j'ai quitté Mecachrome à la suite d'un différend professionnel et nous avons vécu à Chinon, dans la grande maison de mes parents, le temps que je retrouve un emploi. Notre complicité, surtout basée sur l'humour, demeurait intacte. Parfois, bien sûr, nous n'étions pas d'accord, mais ces désaccords ne donnaient pas lieu à de véritables disputes et se terminaient en chamailleries, en taquineries.

Comment aurais-je pu imaginer, lorsque l'affaire a éclaté, que Véronique m'ait menti ? Jamais, en dix-huit ans de vie commune, n'avait existé entre nous, à mes yeux, la moindre zone d'ombre. Chacun bien sûr gardait son domaine d'activités, on n'était pas constamment en train de se questionner l'un l'autre, de sonder l'âme de son compagnon. Nous étions un couple harmonieux, tranquille.

À partir de juillet 2006, j'avais pris en compte l'hypothèse qu'elle ait commis les actes qui lui étaient reprochés mais je l'avais aussitôt rejetée, parce qu'il manquait un mobile. Dépourvus de mobile, les faits demeuraient invraisemblables. De plus, si l'on établissait un lien entre eux et le comportement de Véronique envers nos enfants, cette histoire n'avait aucun sens.

Je me souvenais avec précision de la fois où Véro m'avait annoncé sa première grossesse, une semaine avant mon départ de Mecachrome. En rentrant du boulot, je l'avais vue se dandiner d'un pied sur l'autre au milieu du salon, l'air très mystérieux.

– Assieds-toi sur le canapé, j'ai quelque chose à te dire, Jean-Louis...

Sincèrement, je m'étais demandé quelle tuile nous était tombée dessus, mais elle s'était assise à côté de moi en souriant.

– Voilà, j'ai fait un test... Je crois être enceinte.

Connaissant Véro, j'ai compris qu'elle en avait la certitude. Chez elle, « je crois » signifie « je suis sûre ». La nouvelle m'a estomaqué car je ne m'y attendais pas du tout. Nous sommes alors tombés dans les bras l'un de l'autre en riant ! Une sacrée bonne surprise qui venait égayer une situation professionnelle difficile. Je n'avais plus de travail et elle venait juste de terminer sa formation. Bien sûr nous avions déjà évoqué l'éventualité d'un enfant, mais sans faire de projet précis et rien n'était planifié. Jusqu'alors, ce n'était pas à l'ordre du jour. De son côté, Véronique n'avait pas clairement ni fermement formulé un désir de maternité. À cette époque, construire une famille n'était pas dans nos priorités, d'autant que nous n'avions cessé de déménager. J'avais vingt-huit ans, elle, vingt-sept, et nous étions bien ensemble. Une vie presque au jour le jour. La naissance de ses premiers neveux et nièces avait réjoui Véro qui, à l'occasion, aimait s'en occuper. Maintenant c'était à elle de devenir maman et elle vivait pleinement cette maternité.

Installés dans la grande maison de mes parents à Chinon, nous avons vécu une grossesse heureuse. Comme un couple lambda, avec les visites chez le gynéco à la clinique du Parc de Chambray-lès-Tours, les discussions à n'en plus finir sur le prénom, ou plutôt les prénoms puisque nous ne voulions pas connaître le sexe de l'enfant. Véronique, qui avait énormément grossi, arborait une mine rayonnante. On aurait pu poser une assiette sur son ventre ! Elle suivait scrupuleusement les cours de préparation à l'accouchement, répondait paisiblement aux questions que l'on pose aux futures mamans : est-ce qu'il bouge ? Est-ce qu'il donne des coups de pied ? Vraiment rien d'extraordinaire. Un couple tout ce qu'il y a de plus banal attendant la naissance de son premier bébé avec l'impatience qui gagne durant les dernières semaines. À aucun moment elle n'a exprimé l'angoisse parfois perçue chez certaines femmes qui craignent de ne pas être à la hauteur. Elle a accouché le 19 mars 1995, sous péridurale, sans le moindre souci hormis une légère épisiotomie. Je me souviens de son visage, de ses cheveux trempés de sueur et d'un beau bébé pesant trois kilos sept cents. Un garçon, que nous avons appelé Léo.

Tout s'est parfaitement passé lors du retour à Chinon, mais presque immédiatement nous sommes partis en région parisienne où j'avais décroché un contrat de six mois chez EIA Moteurs, une entreprise de Marcoussis qui préparait des voitures destinées aux courses d'endurance type Vingt-Quatre Heures du Mans. Nous habitions le XIIIe arrondissement de Paris et Léo souffrait alors d'un eczéma dont notre pédiatre ne trouvait pas la cause ni le traitement médicamenteux. Léo pleurait sans cesse, si bien que ma sœur Béatrice, médecin, a incité Véronique à conduire le bébé chez le pédiatre qui suivait ses enfants. Immédiatement, celui-ci a trouvé le médicament adéquat et Léo s'est mis à faire des nuits paisibles et complètes.

À l'occasion de notre dernière soirée à Paris au terme de mon contrat, et alors que Léo se trouvait chez sa grand-mère, nous nous sommes offert une balade à moto en amoureux, Champs-Élysées, quartier Latin, quais de Seine et un repas dans une brasserie place de la République. Un plaisir de gens simples. Parce que nous sommes des gens simples.

J'ai retrouvé très vite du travail en Charente-Maritime dans une boîte spécialisée dans les énormes moteurs diesel de bateau, des mécaniques magnifiques fabriquées par une entreprise américano-finlandaise dont l'ouverture sur le monde m'intéressait. Assez rapidement, j'ai loué une très jolie maison de type charentais au milieu d'un grand terrain clos de murs à Villeneuve-la-Comtesse, un village qualifié par les journalistes de « trou perdu » alors qu'il s'agit d'un bourg typique de la région. J'ai campé un certain temps dans cette maison où, le soir, je m'ennuyais à mourir car Véro et Léo se trouvaient à Chinon chez mes parents. Les travaux entrepris par le propriétaire n'étant pas encore terminés, autant laisser ma famille là-bas plutôt que de lui imposer une installation inconfortable. Pour rompre la monotonie du moment, un soir, je suis allé à Saint-Jean-d'Angély avec l'intention de voir une comédie dans un cinéma associatif qui possédait quatre salles.

– Vous êtes sûr de vouloir voir ça ? m'a demandé au guichet le propriétaire. Normalement, je n'ouvre les salles qu'à partir de cinq clients et vous êtes le seul pour ce film.

– Vous me proposez quoi ?

– Trois personnes attendent le début de *Madame Butterfly*, de Frédéric Mitterrand.

– Je connais l'opéra… Pourquoi pas ?

Le film m'a plu, mais ce fut surtout l'occasion de rencontrer un fondu de cinéma qui essayait de vivre de sa passion pendant que sa femme, une prof, faisait bouillir la marmite.

*
* *

Véro, qui m'avait rejoint dès la fin des travaux, m'a annoncé en avril 1996 être de nouveau enceinte. Enceinte de « quatre ou cinq mois »… J'ai quand même été très surpris qu'elle ait attendu si longtemps pour m'informer. En fait, elle-même ne s'était pas rendu compte de son état et culpabilisait à l'idée de l'annoncer si tard à son entourage.

La grossesse s'est déroulée comme la précédente, sereinement, avec une Véronique au très gros ventre et un accouchement sans souci. Un bébé en or, Paul. Au bout d'une semaine, il faisait ses nuits.

Nous avions sympathisé avec deux couples qui habitaient les environs et avec des copains de boulot. Quand nous pouvions confier à quelqu'un les enfants, qui occupaient Véronique à plein temps (jusqu'à ce que Léo entre à la maternelle), nous partions en randonnée à moto avec ces amis. C'était une existence ordinaire, presque insouciante puisque je gagnais correctement ma vie, sans rouler sur l'or mais assez pour nous offrir de bons moments. Nous avions même, en 1998, signé le compromis d'achat d'une maison dans le coin, sauf que le notaire avait oublié qu'elle se situait en zone inondable ! Le soir, Véronique me faisait un compte rendu de la journée des petits, les soucis de santé de Léo parfois, ses progrès pour parler ou marcher. Rien d'exceptionnel. Léo, alors âgé de dix-huit mois, avait accueilli son frère avec joie, avant de trouver que ce bébé prenait un peu trop de place auprès de sa mère. Un grand frère normal, quoi !

Lors du procès, on a beaucoup épilogué sur le fait que parfois Véronique, mère au foyer, prenait une nounou. En réalité, ce n'était que le temps d'aller au supermarché ou à l'ANPE de Saintes puisqu'elle cherchait, mais en vain, un emploi dans l'informatique. Sans oublier, en 1998, le projet d'achat de cette fameuse maison qui avait nécessité beaucoup de paperasse – dont Véronique s'était occupée – avant que nous réussissions à faire annuler la vente. Ce n'était pas pour le shopping qu'elle s'absentait, comme on l'a dit, parce que Véro et les boutiques de fringues, ça fait deux. Très peu dépensière, elle suit la mode de très, très loin. Je crois que ces questions, lors du procès, relevaient d'un point de vue purement machiste sur la vie quotidienne d'une femme au foyer.

En septembre 1998, l'entreprise qui m'employait a commencé à battre de l'aile à la suite de désaccords entre les deux actionnaires américains et finlandais. Les licenciements étant inévitables, j'ai commencé à chercher du boulot ailleurs mais sans démissionner. Pendant six mois, ce fut une ambiance d'incertitude et de tension. Les gens ne travaillaient pas vraiment, trop préoccupés par leur avenir.

Finalement, j'ai reçu ma lettre de licenciement presque en même temps que mon contrat d'embauche chez Delphi, à Blois, qui débutait deux mois plus tard. Nous sommes partis cinq semaines en avril et mai 1999 en vacances au Maroc où s'est déroulé l'épisode dont j'ai parlé : Véro fatiguée, mes interrogations sur une hypothétique grossesse et sa dénégation. J'en suis resté là. Bien sûr, elle avait des kilos en trop, mais pas le visage épanoui d'avant la naissance de Léo et Paul. De toute façon, pourquoi aurait-elle nié être enceinte ? Je n'allais pas la harceler sur ses rondeurs un peu trop prononcées. Pas mon genre. Au retour, à Chinon, ma sœur Béatrice s'est posé la même question. Lorsqu'elle m'en a parlé, je lui ai relaté notre discussion sans équivoque au Maroc.

Le 17 mai 1999, j'ai commencé chez Delphi et je logeais provisoirement chez des amis à Mer, dans le Loir-et-Cher. Le week-end, soit je descendais à Villeneuve-la-Comtesse où Véro préparait les cartons du déménagement, soit elle me rejoignait dans le Loir-et-Cher. Nous avons emménagé en juillet à Herbault, à côté de Blois. C'est dans ce laps de temps qu'a été commis le premier infanticide. Mais personne n'a rien vu. Oui, Véro avait un peu grossi, mais sans commune mesure avec ses états de grossesse précédents. Chaque jour, elle conduisait et récupérait Léo à la maternelle de Villeneuve-la-Comtesse. L'institutrice a-t-elle vu quelque chose ? Non. Elle non plus. Devant les journalistes, une habitante du bourg a affirmé s'en être rendu compte. Les policiers ont toutefois qualifié son témoignage de « non crédible », d'autant que devant eux la dame a démenti ses déclarations.

L'inimaginable provenait également du lien que Véro entretenait avec nos enfants. Un lien physiquement fusionnel. Une mère poule constamment préoccupée par ses petits, du biberon du matin à la lecture de l'histoire du soir. Comment imaginer qu'à Villeneuve-la-Comtesse, cette femme avait accouché seule avant de brûler le corps du nouveau-né dans la cheminée ?

3

La curée des médias

Avant même les aveux de Véronique et son incarcération, j'avais rapidement pris conscience de l'aubaine que constituait pour les médias cette monstruosité dévoilée au cœur de l'été. Une journaliste de TV Tours l'avait clairement affirmé en ouvrant un bulletin d'informations locales : « Heureusement, en cette période où il ne se passe strictement rien dans le département, nous avons l'affaire des bébés congelés. » J'ai mis cette maladresse sur le compte du jeune âge de la présentatrice, mais j'ai quand même compris que nous allions déguster. Et pourtant, jusqu'à la garde à vue, je restai pendu aux infos. À toutes les infos : radio, télé, presse nationale ainsi que *La Nouvelle République*, le quotidien local.

Auparavant, nous nous tenions simplement au courant de l'actualité. Pour moi la radio le matin dans la voiture sur la route du bureau, et souvent le journal télévisé de 23 heures. Véronique achetait de façon irrégulière un hebdomadaire féminin et moi, des magazines d'informatique, de moto, sans oublier, chaque mercredi jusqu'à notre départ en Corée, *Le Canard enchaîné*. Nous discutions fréquemment politique en tête à tête ou avec des amis, puisque je suis plutôt sans étiquette, le portefeuille à droite, le cœur à gauche, alors que Véronique se situe clairement à gauche.

Au fil des jours et à mesure que l'affaire prenait de l'ampleur, nous avons découvert l'entêtement des médias à ne rectifier aucune de leurs erreurs factuelles ou déontologiques. Dès les premiers articles, *La Nouvelle République* avait publié nos coordonnées, une photo de la maison, les prénoms des enfants, l'adresse de mes parents, comme s'il s'agissait d'éléments essentiels. En quoi l'adresse de mes parents contribuait-elle à éclaircir le mystère ? On débordait totalement de l'histoire en dévoilant des détails d'ordre strictement privé dépourvus du moindre intérêt pour le public.

Nous avons d'abord adopté la stratégie du silence avant de donner, comme je l'ai dit, une conférence de presse en espérant obtenir la paix. Malgré les nombreux dérapages médiatiques, nous n'avons menacé personne tout en nous réservant, à ce point de l'enquête, la possibilité de poursuivre ceux qui avaient répandu des inepties. Je n'avais absolument pas l'intention de passer l'éponge une fois que notre innocence aurait été reconnue.

Chaque jour, des demandes d'interviews affluaient du monde entier. Heureusement, maître Morin nous avait mis en garde contre les propositions d'exclusivité qui auraient fait monter un peu plus encore la mayonnaise médiatique. Inutile de rentrer d'une façon ou d'une autre dans ce jeu.

Des avocats parisiens offraient également leurs services par des voies détournées. En passant par la famille, par exemple. À cette époque, vu mon désarroi et les « recommandations » que je recevais, je me suis parfois demandé si je devais faire confiance à maître Morin ou s'il ne fallait pas confier nos intérêts à un ténor parisien. Nous ignorions tout du monde judiciaire et, assis devant mon bureau, je ressassais cette question : jusqu'à présent, maître Morin avait-il agi de travers ? La réponse demeurait la même : non. Alors pourquoi changer d'avocat ? D'autant que des amis tourangeaux m'assuraient de sa compétence même s'il ne possédait pas (encore) la réputation de quelques grandes figures du barreau. J'avoue cependant avoir craqué le jour de l'annonce des résultats positifs des tests ADN en France. Sur les conseils d'une amie, je me suis renseigné sur différents cabinets parisiens sans toutefois les contacter. Heureusement. Calme d'apparence, Marc Morin se révèle une vraie pile atomique. Un homme extrêmement dynamique qui, à la lecture du dossier, se fixe un but et s'y tient.

La folie médiatique se trouvait également nourrie par une information officielle qui franchissait largement la ligne jaune. Le soir où Véronique a été écrouée après que j'ai été remis en liberté sous contrôle judiciaire, alors que nous n'en étions qu'au premier jour de la phase judiciaire, le procureur de Tours, Philippe Varin, entouré du commissaire Catto, patron régional de la PJ, et du commandant Béjeau, a tenu une longue conférence de presse.

– Monsieur Courjault ne pouvait pas ignorer les grossesses de son épouse, a-t-il affirmé, péremptoire, devant une forêt de micros.

Publiquement, il m'avait déjà jugé avant même que quiconque ait la moindre idée de ce qui avait pu se passer… à commencer par moi-même ! Monsieur Philippe Varin avait tout compris avant tout le monde.

Comment, à cet instant précis, pouvais-je espérer convaincre de mon innocence ? Les magistrats me plaçaient au pied d'un mur quasiment infranchissable. Je devais me battre contre une idée que j'avais moi-même défendue avec une sincère conviction, une idée reçue largement partagée par le public : leur expliquer qu'un mari peut ne pas voir la grossesse de sa femme. Désormais, je savais que c'était possible. Mais pour la plupart des gens, cela relevait de la science-fiction. Un préjugé et une opinion publique sur lesquels la Justice allait surfer pendant des mois.

D'autant que l'instruction semblait désormais se faire à la radio, à la télé (« Sept à huit » sur TF1, « Mots croisés » sur France 2, « T'empêches tout le monde de dormir » sur M6) et dans la presse écrite. Je l'ai dit, j'ignorais qu'un certain nombre de journalistes parisiens qui couvrent les faits divers passent leur temps chez les flics, ayant ainsi accès à l'ensemble des télex expédiés par les PJ de province. Si les articles du *Monde* ou du *Figaro* demeuraient sobres, tout en posant la question de ma complicité, il n'en était pas de même ailleurs. Au surlendemain des aveux de Véronique, *Aujourd'hui en France* y consacrait une double page centrale avec ce bandeau de une : « Comment une mère peut-elle tuer ses enfants ? » Les différents articles nous qualifiaient de « couple pas forcément uni harmonieusement », évoquaient « une symbiose de façade qui avait volé en éclats dès les premiers aveux », disséquaient nos déménagements parce que, évidemment, déménager fréquemment ne peut qu'éveiller la suspicion... Et pour couronner le tout, un psychiatre appelé à la rescousse voyait peut-être la clef de l'énigme dans notre « vie sociale très complexe ». Que signifiait l'expression ? Que nous étions des hippies, des partouzards, des adeptes d'une secte ? Quant à la question posée par le bandeau de une – « Comment une mère peut-elle tuer ses enfants ? » –, les lecteurs pouvaient toujours chercher la réponse dans la double page. À ce moment-là, personne, hormis certains experts, ne l'avait.

Publié par *Libération*, le texte « Pardon, madame Courjault », de l'écrivain Claire Gallois, m'a littéralement anéanti.

Autant je saluais son courage et son analyse concernant la détresse de Véronique, autant ses conclusions sur le comportement du mari volaient au ras des pâquerettes : « Votre mari dit qu'il vous aime toujours. En fermant les yeux, comme d'habitude ? Peut-être ne s'est-il pas aperçu, non plus, que vous étiez en prison ? »

Un monstre d'égoïsme qui ne réalise même pas que sa femme est incarcérée, voilà pour qui elle me faisait passer.

Ça, à la limite, je pouvais le supporter. Je ne suis pas quelqu'un qui vit à travers le regard des autres.

En revanche, ce qui me foutait en l'air, c'était cette façon primaire de défendre l'une en tapant sur l'autre, sans autre forme de procès. Et sans se soucier de détruire le lien que Véro et moi nous acharnions à préserver. La seule chose qui nous restait.

– Vous savez, monsieur Courjault, m'avait-on dit en garde à vue, la Justice est relativement clémente avec les mères infanticides. Elle ne devrait pas faire plus de quinze ans.

Quinze ans ! Si seulement madame Gallois avait eu ne serait-ce qu'une idée de la douleur…

Dans son article, on devinait une tentative d'imiter Marguerite Duras et son « Sublime, forcément sublime » au sujet de l'affaire du petit Grégory. Elle m'a envoyé par la suite une lettre d'excuses, comme si ces quelques lignes pouvaient effacer les dégâts d'un texte toujours disponible sur Internet ! Accessoirement, elle me proposait qu'on écrive un livre ensemble…

Pour *VSD*, j'étais « l'homme qui ne voulait pas ouvrir les yeux » et Véronique « avait conservé les corps au congélateur par remords ».

Paraissaient également des articles à charge bourrés d'inexactitudes ou d'approximations. Par exemple, selon *Aujourd'hui en France* du 15 octobre

2006, sous le titre « Jean-Louis et Véronique, l'histoire d'un couple ordinaire », je travaillais en région parisienne lorsque nous habitions à Villeneuve-la-Comtesse... Conclusion du lecteur, ma femme passait des semaines seule avec deux gosses en bas âge au fond de la cambrousse. En réalité, à l'époque, mon boulot se situait à treize kilomètres de la maison. Plus loin, on apprenait que j'avais vainement cherché un emploi à Paris. Faux ! Plus loin encore, on pouvait lire qu'« au retour du Maroc, Jean-Louis trouve du travail à Blois dans une entreprise spécialisée dans les moteurs diesel de bateau ». Eh bien non, les moteurs de bateau, c'était en Charente-Maritime. À Blois, je travaillais déjà chez Delphi. Mais ce n'est pas tout. L'article me qualifiait de « nomade qui aime changer de lieu, de région et même de pays », ajoutant que j'avais « convaincu ma femme de quitter son emploi pour rejoindre un autre continent ». Nomade... Autant dire instable. Et pourtant, quand les gens n'acceptent pas de bouger, on leur reproche leur frilosité ! Moi, la mobilité ne me fait pas peur. Et puis, deux des quatre entreprises qui m'avaient employé avaient fermé, l'une faute de clients, l'autre en raison d'une mésentente entre les groupes actionnaires. Qu'est-ce que j'aurais dû faire ? M'inscrire aux Assédic et attendre qu'un boulot me tombe du ciel ?

Parfois, les journalistes se recopiaient les uns les autres, amplifiant ces détails inexacts.

Charlie Hebdo, lui, y est allé de quelques dessins dont un amusa beaucoup les enfants. Le texte disait : « Les flics perquisitionnent le jardin des Courjault. Ils trouvent des courgettes ! » Ils ont ri de bon cœur, parce qu'il n'y avait aucune méchanceté gratuite. Un bon jeu de mots, sans ignominie sur leurs parents.

En revanche, en consultant Facebook, Léo a découvert qu'un inconnu avait créé un profil au nom de sa mère et qu'il y associait des tueurs en série comme Francis Heaulme. Cette découverte l'a profondément affecté mais, renseignements pris auprès des avocats, on ne peut rien faire contre ce site basé aux États-Unis.

Et puis, il y a eu *Paris Match* et sa photo de couverture où l'on devine Véronique menottée, bras dans le dos, assise sur la banquette arrière d'une voiture de police. Il est interdit en France de montrer un individu ostensiblement entravé puisque les menottes symbolisent la culpabilité. À côté des autres titres de cette couverture (« Tanger, nouvel eldorado de la jet-set » et « Le sexe, c'est bon pour la santé ») figurait « L'album photo d'une famille qui semblait sans histoire ». Un article factuel ponctué des violons d'usage (« Une vie à l'aise, une vie d'ennui, un peu Maugham, un peu Duras, lente et lancinante. Mortelle »). En passant, on mentionnait les branches parfois cassées par nos enfants lorsqu'ils jouaient au foot. Comme un parfum de sauvageons, de gosses livrés à eux-mêmes... Pourtant, je n'ai pas le souvenir d'un problème de voisinage lié au foot. Quant aux photos du prétendu album de famille, elles ont été données en toute bonne foi et sous le coup de l'émotion par mes parents, mes beaux-parents ou des amis de Séoul. Parmi elles, la fameuse photo de notre mariage, fournie par ma mère qui la trouvait éclatante de bonheur. Évidemment, pas plus ma mère que les autres membres de la famille n'avaient été choqués par le fait que Véronique fût vêtue de noir. Mais bien sûr, la parution du cliché entraîna illico une floraison de « La mariée était en noir ». Autant dire qu'elle portait déjà le deuil des trois bébés... En réalité, nous nous sommes mariés en novembre 1994 alors que Véronique, enceinte de cinq mois, arborait déjà un sacré joli ventre rond. Comment trouver une robe de mariée qui convienne à son état et à la saison ? Impossible. Elle avait choisi cette robe sur les conseils des femmes de la famille car elle lui allait bien. Sans aucune arrière-pensée. Comme je suis de nature plutôt anticonventionnelle, ça m'avait fait sourire... Une autre photo, prise au téléobjectif, me montrait en train de m'étirer sur le balcon de la maison de mes parents au surlendemain du placement en détention de Véronique.

Un réflexe de décompression, lorsque la tension est trop forte ? Mais non, voyons ! L'image d'un homme plutôt décontracté en pareilles circonstances…

Sous le titre « Le calvaire des victimes oubliées », *France Dimanche* tirait déjà les cartes de l'avenir de nos enfants. Un pédopsychiatre s'interrogeait sur « ce qu'ils savaient de l'affaire ». Mais ils en savaient autant que lui ! On y découvrait « le risque qu'ils nous rejettent complètement ainsi que les valeurs que nous leur avions transmises ». Ils pouvaient également « sombrer dans la paranoïa » et devraient affronter « l'épreuve redoutable du retour à l'école. Les élèves susceptibles d'insulter leur mère et de prendre cette agression pour eux ». Des plans foireux sur la comète puisque les réactions furent exactement inverses. Parfois certains médias étaient encore plus difficiles à supporter que la réalité des faits.

Pour d'autres, ce drame se bornait à un argument de vente, tel *Ici Paris* titrant « Les dessous de l'affaire » et proposant un article dans lequel le lecteur n'apprenait… rien ! *La Nouvelle République* en vint même à publier un énorme placard d'une demi-page avec photos couleurs sur ce déferlement médiatique. Une façon de dire à ses lecteurs : « Regardez un peu le magnifique scandale à votre porte. » Et un hebdomadaire local réussit à faire son gros titre sur… la surmédiatisation de l'affaire ! Laquelle, à n'en pas douter, faisait vendre du papier.

De toute façon, lorsque *France-Soir* avait titré « C'est un monstre », avec le visage de Véronique en une, on avait touché le fond.

4

Déni de grossesse

Quinze jours après les mises en examen, nous avons été réentendus par la juge d'instruction qui creusait alors imperturbablement la même hypothèse : n'étions-nous pas des fanatiques religieux ?

Cette piste abandonnée, ce fut celle du mari violent, du couple pervers... Une question en particulier me mit sacrément dans l'embarras :

– Il existe d'autres signes que le ventre chez une femme enceinte. Comment n'avez-vous pas vu, monsieur, que les seins de votre épouse avaient grossi ?

– Oui, c'est vrai, ils avaient grossi... Mais son visage aussi avait grossi.

– Ça aurait tout de même dû vous mettre la puce à l'oreille...

Et qu'est-ce que j'aurais dû faire ? Dire à Véronique : « Chérie, tu vas te mettre en vitesse au régime pour ressembler à la bimbo à poil affichée sur tous les Abribus » ? Il fallait également répondre aux questions envoyées par les Coréens, qui n'avaient d'autre but que de rétablir l'honneur du NISI dont j'avais mis en doute la fiabilité. L'obsession de la juge, quant à elle, tournait autour du fonctionnement du couple, du moins quand elle s'adressait à moi. Face à Véro, elle restait dans le factuel des accouchements et des infanticides.

De la Justice, j'attendais naïvement des explications, une aide à la compréhension. Après tout, nous nous trouvions au même point face à un objectif apparemment commun. Apparemment seulement. Car j'étais convaincu que Véronique n'avait pas commis ces actes dans une approche purement criminelle. J'espérais que la juge d'instruction s'en rendrait rapidement compte, mais pour elle, ma femme était bien une meurtrière, elle n'en démordait pas. À juste titre peut-être, puisque Véro se chargeait à chaque audition. Elle essayait d'apporter des réponses qu'elle n'avait pas, des réponses logiques à des faits. Elle répondait « oui » à toutes les questions posées dans cette perspective criminelle. La juge tissait une toile, sa propre toile, et Véronique abondait en répondant : « Je ne voulais pas de ces enfants. » Elle n'expliquait pas pourquoi elle ne m'en avait jamais parlé, pourquoi elle ne prenait pas de contraception. Lorsque je lui ai posé la question de la contraception dans une première lettre, elle n'a su que répondre. Elle constatait seulement que ses déclarations pendant la garde à vue ne correspondaient pas au fond de sa pensée. Trop tard.

Personnellement, je n'avais aucune réponse mais une liste d'interrogations relatives à notre histoire. Pourquoi Véro ne s'était-elle pas rendu compte qu'il s'agissait de bébés ? Pourquoi s'était-elle isolée de la sorte ? Pourquoi ne pas s'être confiée à moi ? Pourquoi avoir abandonné la pilule ? Et chaque réponse n'était pas forcément liée à la précédente. Il fallait assembler un puzzle.

*
* *

Le brouillard a commencé à se dissiper fin 2006. Évidemment, on m'a parlé à l'époque du déni de grossesse, mais il existait des incohérences avec cette hypothèse, la première étant la répétition. Le choc psychologique d'une grossesse clandestine, d'un accouchement seule puis d'un infanticide doit normalement conduire la femme à ne pas rééditer son geste et à utiliser une contraception. On suit là une réflexion logique. Le comportement de Véronique était, lui, totalement illogique. Plutôt hermétique à la psychiatrie, je ne pouvais pas préjuger des mécanismes qui avaient bouleversé son esprit durant les accouchements. Je constatais seulement qu'elle en avait oublié tous les détails, affirmant même avoir étranglé les bébés alors que les autopsies démontraient formellement que ce n'était pas le cas. De cette contradiction, la juge d'instruction ne tirait qu'une conclusion : Véronique mentait. Sans autre forme d'analyse.

Pour ma part, je concevais l'énorme traumatisme lié à ces accouchements, dans la mesure où Véronique ne s'y attendait pas, du moins consciemment. Un traumatisme tel que sa perception de la réalité en avait été altérée.

De ce que je savais du déni de grossesse dans les cas les moins graves, quelqu'un intervenait avant l'accouchement. Un médecin, un membre de la famille, un voisin, le mari... Pour Véronique, personne ne s'était manifesté. Les mêmes causes provoquant les mêmes effets, elle replongeait. L'instruction ne s'intéressait qu'aux effets sans se pencher sur les causes. Or, comment juger sans prendre la peine de comprendre ?

Il fallait sans doute chercher du côté de la relation qu'entretenait Véronique avec son corps. Je l'ai envisagé grâce à Sophie Marinopoulos, psychologue clinicienne au CHU de Nantes, et au professeur Israël Nisand, chef du département de gynécologie obstétrique au CHU de Strasbourg, qui s'intéressaient au dossier sans être désignés comme experts. Le professeur Nisand, pour sa part, possède une formule intéressante : le déni est un symptôme mais le mal se situe ailleurs.

Jusqu'alors, les psys représentaient dans mon esprit un monde à prendre avec des pincettes. Pour moi la science doit être rationnelle. Elle doit démontrer, faire la preuve, alors que la psychologie et la psychiatrie demeurent bien souvent dans le domaine des conjectures. Les psys qui m'ont aidé à voir clair dans le problème de Véronique ont modifié mes *a priori*. Pas à cause de leurs titres mais à cause de leurs qualités humaines et de leur aptitude à comprendre.

Fin 2006, grâce à Sophie Marinopoulos, j'ai découvert qu'une femme pouvait être enceinte sans en présenter aucun des signes extérieurs. Un phénomène plus fréquent qu'on ne le croit et sans relation avec le niveau social. Sophie Marinopoulos s'est dite prête à aider Véro jusqu'au procès, tout en précisant qu'elle n'aurait peut-être pas la possibilité de lui rendre visite. Je devais, selon elle, arrêter de demander à ma femme pourquoi, pourquoi, pourquoi ? Véronique ne possédait pas d'emblée les réponses. Il existait un problème de corps et de langage, datant probablement de son enfance. Véronique devait avant tout retrouver ses émotions intimes, son ressenti, extérioriser ses sentiments. Les exprimer. Pour l'y aider, j'ai commencé à joindre à mes courriers des photos de nous, parfois de vieilles photos, du temps où nous étions étudiants.

Israël Nisand, lui, m'a donné quelques exemples frappants de déni, telle cette athlète de haut niveau qui a accouché dans les vestiaires alors que personne n'avait remarqué sa grossesse. Ou cette danseuse étoile qui, enceinte de sept mois, a finalement accepté son état et pris quatorze kilos en quelques jours !

Le professeur Nisand a tout de suite compris que j'aimais Véronique, que je me jugeais coupable de n'avoir pas su deviner son désarroi, et il m'a rassuré sur ce point, me disant qu'il ne fallait pas confondre désarroi et non-conscience. Si Véro n'avait pas conscience de son état, comment pouvais-je, moi, intervenir ?

Il a aussi soulevé un point dont je n'avais parlé à personne, parce que dès que l'on évoque les enfants, de nos jours, on aborde un sujet tabou. Il a compris le malaise que j'éprouvais à évoquer l'absence de liens affectifs avec les bébés disparus. Ces enfants, je n'arrivais pas à en être totalement le père. Leur existence, pourtant bien réelle, était vide de sentiments vécus, ma paternité était purement intellectuelle. Et une culpabilité de plus, terrible. Le professeur l'a balayée patiemment. Ces enfants étaient mes enfants, mais découverts *a posteriori*. À aucun moment je n'avais été informé des grossesses, je n'avais pas vu ces bébés s'épanouir à l'intérieur du corps de Véronique, jamais je n'avais participé à une discussion sur un éventuel prénom ; j'avais certes un lien biologique avec ces enfants mais, en effet, aucun lien affectif, or les deux sont nécessaires à l'éclosion du sentiment de paternité. Nul ne pouvait me reprocher de ne pas ressentir ce lien paternel viscéral. Nous ne possédions pas de vécu commun, de câlins sur le ventre de la maman, de bisous, de nuits blanches ni de moments d'inquiétude. La maternité comme la paternité se construisent en amont. Pas après coup. On devient père quand on apprend que l'on va l'être.

Lorsqu'une femme annonce un état de grossesse à son compagnon, celui-ci se projette dans l'avenir, tissant ainsi immédiatement des liens avec l'enfant. Moi, j'avais ouvert un congélateur pour découvrir des nouveau-nés morts…

À la suite de la médiatisation de notre cas, le professeur Nisand m'a avoué avoir découvert à quel point le déni de grossesse demeurait un syndrome méconnu dans une société où la maternité est idéalisée. Il m'a expliqué comment l'enfant se positionnait, se développait chez une femme qui refuse de savoir qu'elle est enceinte. Il ne s'épanouit pas en avant de l'abdomen mais trouve sa place en hauteur, parfois contre la colonne vertébrale. Discrètement, comme si, renié, il voulait se faire oublier. J'ai pu alors comprendre la différence entre le gros ventre de Véronique pour Léo et Paul, et ces « quelques kilos en trop » qui avaient à peine marqué les autres grossesses.

Israël Nisand a utilisé ensuite une expression étrange : « la contagion du déni ». Selon lui, un mari qui s'interroge sur l'éventuelle grossesse de sa femme et accepte sa réponse négative entre dans le déni. Cela s'applique également à l'entourage. La femme affirmant qu'elle n'est pas enceinte, personne ne va mettre en doute sa réponse. On va alors se dire qu'elle a grossi mais certainement pas qu'elle attend un enfant. On entre dans le déni. Je n'aime pas cette expression car elle sous-entend un refus de prise de conscience de l'entourage. Or il ne s'agit pas de refus mais simplement d'ignorance.

Notre cas n'était donc pas unique et il ne fallait pas prendre les réponses de Véronique au pied de la lettre puisqu'elle aussi cherchait, en même temps que moi, à comprendre. Avec, j'imagine, le poids écrasant de la culpabilité en plus. Et un dégoût profond d'elle-même.

À Toulouse, le docteur Navarro, président de l'Association française pour la reconnaissance du déni de grossesse, m'a assuré que le déni n'existait que rarement d'un bloc. Il peut être partiel. Selon lui, dans de nombreux cas qu'il a rencontrés, il existe des phases de doute où la femme est plus ou moins consciente de son état physique mais sans faire le lien avec la maternité. Et, dit-il, aux notions de déni partiel ou total, il faut ajouter une composante : celle de la profondeur. Même dans le déni total, il n'est pas rare que la femme se soit demandé « Ne serais-je pas enceinte ? » étant donné l'état bizarre dans lequel elle se sent... Le déni de grossesse n'est pas un interrupteur allumé ou éteint mais un variateur de lumière. La conscience est plus ou moins sombre.

Quoi qu'il en soit, les enquêtes de l'AFRDG, les recherches bibliographiques, les questions à d'autres médecins psychiatres ou obstétriciens ont démontré une ignorance quasiment absolue du phénomène. Un premier texte de synthèse rassemblant des éléments épars et contradictoires a été rédigé en 2005. Il existait quelques articles du docteur Blanche Massari et une étude épidémiologique réalisée par le docteur Michel Libert sur cinquante-six cas observés dans le Nord. Placé sur Internet, ce texte a immédiatement suscité de nombreuses réactions.

« Nous avons reçu des témoignages bouleversants, explique Félix Navarro. Une Suissesse, en particulier, nous a écrit que depuis près de vingt ans, plus personne ne lui parlait dans sa famille, la prenant pour une menteuse, une folle ou une perverse. L'enfant, vivant, ne connaissait ni ses grands-parents, ni ses oncles, tantes ou cousins. Et cette femme nous demandait de lui expliquer ce qu'il lui était arrivé. En 2005, une femme victime d'un déni de grossesse ne pouvait même pas obtenir un diagnostic. Elle pouvait accoucher de façon impromptue dans une maternité ou chez elle sans que personne ne se penche sur son cas. »

Après avoir organisé deux colloques, l'AFRDG, en recoupant les travaux effectués en Europe, estime à 350 par an le nombre de dénis complets. Cela signifie qu'en France, sur ces trente dernières années, plus de 10 000 femmes ont fait un déni total. L'immense majorité d'entre elles a eu un enfant vivant, qu'elles élèvent ou ont élevé. Reste une petite minorité de cas où le bébé a été abandonné ou est mort faute de soins à la naissance. Les néonaticides, celles qui ont tué leur nouveau-né, ne représentent que 10 à 15 cas par an.

« Il s'agit donc d'un véritable problème de santé publique, puisqu'à ces 350 cas annuels il faut ajouter

1 600 dénis partiels révélés entre le cinquième et le neuvième mois, et les 3 000 ou 4 000 femmes qui entre trois et cinq mois ne se savent toujours pas enceintes », poursuit le docteur Navarro.

Quant à la personnalité ou aux antécédents psychologiques et sociaux : « Nous avons rencontré des femmes allant de l'employée dépourvue du moindre diplôme à la psychologue clinicienne ou à une docteure en droit en passant par des infirmières. Des femmes célibataires ou mariées, athées ou catholiques pratiquantes, babas cool ou hyperorganisées, issues de toutes les couches de la société. La moitié, au moins, était déjà mère d'enfants qu'elles élevaient bien, comme Véronique. On constate chez elles une sorte de dégradation : une première grossesse rayonnante, la deuxième plus anonyme, puis un déni à la troisième. Des mères évidentes chez qui quelque chose s'éteint. Si le tableau clinique est connu, il est impossible, pour l'instant, de tracer un portrait psychologique. Ce sont des femmes apparemment parfaitement normales. On a avancé diverses hypothèses, mais aucune étude épidémiologique ne les confirme, ni ne peut d'ailleurs les infirmer. On sait seulement qu'en général le corps de ces femmes leur pose problème. »

Le docteur Navarro constate également que les femmes faisant un déni utilisent très souvent un contraceptif – pilule, stérilet et même implant. « Il peut y avoir un oubli ou un arrêt de pilule marquant la progressivité du déni, mais pour les autres… Au stade actuel des études, les explications demeurent inconnues. On peut seulement constater l'existence du déni, le chiffrer et le décrire sur le plan médical. Quant à la cause – traumatisme de l'enfance, anorexie, problèmes organiques –, toutes les portes sont ouvertes aux investigations… »

Mais, toujours selon le docteur Navarro, une constatation s'impose, qui devrait inciter les autorités tant médicales que judiciaires à *reconnaître* officiellement le déni de grossesse : il existe. Maints exemples spectaculaires en témoignent. Cette lycéenne qui joue au tennis sous les yeux de sa mère ; celle-ci décèle chez l'adolescente un « léger » changement physique et l'incite à faire un test de grossesse : la jeune fille accouche le lendemain. Cette championne olympique chilienne participant aux Jeux de Pékin accouchant lors d'un entraînement officiel, et tant d'autres…

Quant à l'« aveuglement » de l'entourage, il est chose courante. Le docteur Navarro m'a cité l'exemple de ce couple parisien, la trentaine, qui espérait un enfant. Au moment des fêtes de fin d'année, avant de partir au ski, la femme s'est demandé si elle n'était pas enceinte. Mais non, ses règles sont arrivées. Pour le Nouvel An, ils ont rejoint des amis en province et là, dans une brasserie, une serveuse a caressé le ventre de cette femme en lui demandant la date de l'heureux événement. La femme, naturellement un peu ronde, l'a assez mal pris. De retour à Paris, elle a quand même utilisé le test de grossesse acheté avant Noël, qui s'est révélé positif. Médecin, échographie… elle a accouché à terme quinze jours plus tard !

Personne, autour d'elle, n'avait rien vu.

Et cette autre femme, jugée aux assises pour avoir laissé mourir un nouveau-né à la suite d'un déni total ? Son cas est inimaginable. Elle était déjà mère de trois enfants vivants. On a appris lors du procès, par son ancien patron, qu'elle avait accouché au bureau de son dernier bébé. Personne ne s'était aperçu de la grossesse et l'instruction n'avait pas mis ce fait en lumière.

Reste le problème de l'état de conscience des mères en déni qui vont jusqu'à l'infanticide. Qu'en est-il au moment de l'accouchement ?

« Leur refuser une abolition de la responsabilité me semble une monstruosité, estime le docteur Navarro. Quand on voit certaines jeter le corps par la fenêtre puis continuer à vaquer à leurs occupations, quand on pense à cette juriste qui est sortie de son domicile pour déposer le petit cadavre sur la poubelle des voisins avant de rentrer se coucher, comment imaginer qu'elles soient en pleine possession de leur conscience ? Les textes du code pénal devraient les exonérer d'eux-mêmes de toute responsabilité. »

En tout cas, pour le docteur Félix Navarro, il ne faisait aucun doute que Véronique avait été victime d'un vrai et très profond déni de grossesse.

*
* *

Parallèlement à ces recherches sur ce déni de grossesse dont j'ignorais tout au départ, à Tours, je suivais des séances avec un psychiatre. Dès ma remise en liberté, j'avais en effet décidé de consulter quelqu'un. D'abord pour rassurer mes proches et puis, je dois le dire, pour des raisons procédurales. Je me disais que ce serait un bon point pour moi aux yeux des juges, une façon de montrer ma remise en question, de prouver que je ne fuyais pas la situation… Mais plus sérieusement, sans me l'avouer vraiment, j'avais besoin d'un parapet, d'un garde-fou – le mot convient très bien – sur mon chemin trop escarpé d'alors. En général, je trouvais que j'allais plutôt bien, j'avais l'impression d'être capable de vivre, d'organiser les choses autour de moi et pourtant, lors des deux arrêts de travail qui m'avaient été accordés, j'avais tourné en rond. Alors autant aller bosser, ai-je pensé… pour me rendre compte qu'au boulot aussi je fonctionnais mal.

Et puis, il y a eu quelques comportements fugaces, signes qu'il m'arrivait de perdre le sens de la réalité, comme passer ma hargne au volant, tous chevaux lâchés, sur les petites routes sinueuses autour de chez moi. Je ne voulais pas que semblable égarement m'arrive à moto, car c'est beaucoup plus dangereux. J'avais d'ailleurs remarqué l'inquiétude de mes fils à ce sujet. Un jour où je partais à la prison pour un parloir, Paul m'avait demandé d'un air bizarre :

– Tu prends la moto ?

– Ben… oui.

Quand j'étais revenu le soir, Léo et Paul m'attendaient, bien contents et soulagés que je rentre.

J'ai remisé la moto au garage.

Le psychiatre qui m'a suivi m'a permis d'exprimer ma souffrance avant de me rassurer sur le mode de fonctionnement de notre couple, basé sur un respect mutuel, sans question insistante ni harcèlement dans quelque domaine que ce soit.

Ce psychiatre m'aidait aussi à relativiser – comprendre ? – le comportement des magistrats, en m'expliquant la mécanique de leurs questions ou de leurs réflexions dans le cadre qu'*eux* se fixaient. Un cadre strictement criminel. Le pourquoi, ils s'en souciaient peu, laissant à la défense le soin de creuser. J'avais été particulièrement frappé par l'attitude de la juge d'instruction lorsqu'elle m'avait demandé de décrire dans les moindres détails nos ébats sexuels, position, fréquence, lumière allumée, lumière éteinte, habillés, nus, etc. « Ah, ben quand même ! » avait-elle lancé. J'avais fini par lui demander s'il existait une position plus adéquate pour voir que sa femme était enceinte de sept, huit ou neuf mois. Sa réponse fut affirmative, sans autre précision ! Il y avait un gouffre entre nous.

*
* *

Grâce à Sophie Marinopoulos, au professeur Israël Nisand et au docteur Navarro, j'ai découvert le déni de grossesse et les similitudes qui existaient avec notre histoire. J'ai compris comment on pouvait ne pas voir, mais je ne m'expliquais toujours pas pourquoi Véro n'avait pas pu en parler. Surtout, je ne saisissais pas cette absence de contraception. Dans les courriers que nous échangions, elle se montrait incapable de fournir des réponses.

Une réflexion d'une sœur de Véro me hantait. À Chinon, juste après ma sortie de garde à vue, elle m'avait indiqué l'existence de « choses à creuser » dans sa famille. Une famille où l'on parlait peu, où le mode de communication se réduisait souvent au non-dit.

De son enfance, Véronique conserve un souvenir mitigé. Une enfance proche de la nature, joyeuse, insouciante, mais marquée par l'obligation, une fois à la maison, de se rendre transparente, de ne pas créer de problèmes pour éviter les humeurs sombres de sa mère, accablée par les difficultés de la vie, le travail à la vigne et l'éducation de ses sept enfants.

À la demande de maître Morin qui souhaitait une vision extérieure au dossier, j'ai rencontré François Charnier, psychologue à Tours. Après s'être entretenu avec moi, il a demandé à voir les parents et les frères et sœurs de Véro. Il m'a confirmé le poids de cette enfance « silencieuse », où tout mode d'expression était contenu, où la nécessité d'un comportement diaphane, pas totalement transparent, s'était imposée dans la construction psychologique de Véronique. Grandir dans une famille marquée par le non-dit, une famille où ce n'était jamais le moment d'exprimer ses sentiments, entraînait la même attitude à l'âge adulte. Selon lui, en plus, devenir mère, dans la famille de Véronique, n'était pas une chose facile.

Je me suis aussi beaucoup questionné sur notre couple. Comment avais-je pu ne pas voir que Véro allait si mal ? Cette souffrance, je la percevais parfois de façon fugace, je posais des questions : « Qu'est-ce qui ne va pas ? » Elle répondait « non, non, ça va bien, ne t'en fais pas, je t'aime, juste un petit coup de blues » et venait se lover dans mes bras. Le lendemain, ou une heure plus tard, tout était terminé. À quoi pensait-elle, dans ces moments de blues ? Aux bébés ? Elle me dit aujourd'hui que non et je la crois. Pourtant... Pourtant c'est inouï, elle ouvrait régulièrement les tiroirs du congélateur, comme si de rien n'était ! Je ne peux avancer là-dessus la moindre explication, et les supputations des psychanalystes n'ont fait que m'embrouiller davantage.

En tout cas, c'est sûr, je n'ai pas insisté auprès d'elle, à l'époque. Je respectais son silence, même s'il m'exaspérait parfois. Avec le recul, je me rends compte que je n'ai pas su tirer la ficelle qui dépassait, je me suis réfugié dans une colère « confortable ». Quand elle me disait « tout va bien » alors que manifestement ce n'était pas le cas, ça me foutait en boule. J'étais face à un mur, et je savais que quand Véro ne voulait pas quelque chose – parler en l'occurrence –, il n'y avait rien qui puisse la faire changer d'avis. J'avais l'habitude... La routine, vous savez, la gangrène des couples. Elle dit que ça va, bon, alors qu'elle arrête de faire la gueule. De toute façon, demain il n'y paraîtra plus.

Au Maroc, par exemple. Je lui demande si elle ne serait pas enceinte. Elle me dit que non. Elle a l'air contrariée. Ses kilos en trop ? Comment me serais-je turlupiné avec ça alors que dès le lendemain on commençait une virée dans le sud du pays qui s'est révélée idyllique ? Quand je pense aux stupidités qu'on a pu raconter sur notre couple, une vie étriquée, sans relief. Montrez-moi une mappemonde et je vais planter une aiguille sur tous les endroits où nous sommes allés, où nous étions heureux !

Il n'y a pas eu de larmes au Maroc, mais un passage à vide, suivi d'un magnifique périple de plusieurs centaines de kilomètres vers le sud en passant par Ouarzazate, Foum-Zguid, Taroudannt, Essaouira et tant d'autres sites inoubliables.

Alors bien sûr, il est facile, *a posteriori*, de me dire : « Mais vous auriez dû vous inquiéter, elle était enceinte, elle allait se débarrasser de son bébé, c'était grave ! »

Ce qui est grave aussi, c'est de recoller toutes les pièces du puzzle *a posteriori* et de les rattacher à « l'affaire », à l'histoire. D'en faire un scénario, voire un réquisitoire. J'ai assez culpabilisé. Avec des « j'aurais dû », qui n'arrangent rien puisque c'est trop tard. Je ne veux plus me focaliser sur ces remords. Cependant, si nous avons une chance de reconstruire nos vies, je dois tirer les leçons du passé. Je sais maintenant que rien n'est jamais anodin et qu'il existe des signes à ne pas négliger, quitte à faire preuve d'insistance et à bousculer l'autre.

Je saurai m'en souvenir.

5

Un métier, une femme en prison et deux enfants à élever

Du jour au lendemain, je me suis retrouvé avec une femme en prison, une maison à tenir et deux enfants à élever seul. Deux fils en passe de devenir des ados pendant la détention de leur mère. Ce n'est pas vraiment une sinécure. Jusque-là, Véronique assumait les tâches ménagères et s'occupait des petits à plein temps.

Au début, j'ai essayé d'assurer au jour le jour courses, lessives et repas, mais très rapidement, concilier l'emploi du temps professionnel et les tâches domestiques devint impossible. Surtout dans l'état de tristesse et d'incompréhension où je me trouvais. De nombreux amis, ma famille et ma belle-famille sont alors venus m'aider. Ces jours-là, la machine à laver tournait à plein régime. Beaucoup plus tard, nous avons récupéré toutes nos affaires restées en Corée. Beaux-frères et belles-sœurs m'ont donné un sacré coup de main afin de ranger, trier, réaménager. N'empêche, la maison partait à vau-l'eau, ce n'était pas un lieu idéal pour élever des enfants. Même si mon seuil de tolérance à la poussière se situe assez haut, il fallait un minimum de propreté, nettoyer la cuisine, la salle de bains, passer la serpillière, l'aspirateur… J'essayais de repasser un minimum, mais ce minimum prenait des heures pendant lesquelles les paperasses s'accumulaient sur mon bureau. J'ai donc engagé une femme de ménage qui venait quatre heures par semaine.

À Souvigny s'est créé un noyau de trois amies et d'un copain qui se sont occupés, dès le premier jour, des enfants à leur sortie de l'école vers 16 heures. Non seulement pour veiller aux devoirs, mais aussi pour me dire comment Léo et Paul allaient. Je me montrais extrêmement attentif, mais je ne voulais pas que quelque chose m'échappe et un regard extérieur me rassurait. Je me chargeais de préparer le repas à mon retour du travail, entre 18 heures et 19 heures. Un moment privilégié de notre relation. Les enfants participaient à la préparation du dîner et nous en profitions pour discuter. D'une façon générale, j'aime faire la cuisine, une cuisine assez épicée, grillades, ragoûts, volailles à la broche. Et puis, nous

nous sommes lancés dans des recettes exotiques, curry, repas coréens, repas chinois. Même s'il m'était arrivé auparavant de me mettre aux fourneaux, un excellent copain demeurant à Souvigny, ancien cuistot, m'a donné de vrais cours de cuisine pour passer au stade supérieur. Avec lui, j'ai appris des petits secrets culinaires permettant de faire des économies. La confection des repas, que ce soit avec les enfants ou les amis, n'a jamais été une corvée mais un moment de grande convivialité. Une source de bonheur. Et je pense avoir transmis aux enfants ce goût de la bonne bouffe, du plaisir de la mitonner.

Ils ont appris à mettre le couvert, à desservir la table et à faire les courses avec leur père. Depuis l'incarcération de leur mère, ils ont toujours essayé de me protéger, de m'aider de leur mieux avec leurs moyens d'enfants.

Mais pour en rester à la cuisine, un événement assez surprenant est survenu en novembre 2006, en pleine tempête psychologique, pas très longtemps après que nous eûmes fait la une de toute la presse. Un matin, une jolie jeune femme métisse a sonné à la porte. Une représentante d'une marque de surgelés qui livre à domicile. Sur le moment, j'en suis resté le souffle coupé, me demandant même s'il ne s'agissait pas d'une mauvaise blague pour une caméra cachée. Gentiment, j'ai essayé de l'éconduire alors qu'à cette période la livraison à domicile m'intéressait. On comprend pourquoi. Elle a insisté, comme tout bon commercial, jusqu'à ce que je la laisse entrer. En l'écoutant me vanter les avantages de la promotion en cours, je me suis rendu compte qu'elle ignorait totalement chez qui elle avait sonné. Finalement, j'ai signé un contrat avec cette enseigne !

Raconter cette anecdote peut sembler de mauvais goût et pourtant elle a son importance. Car c'est ce jour-là que j'ai compris qu'on pouvait, qu'on *devait* continuer à vivre en dépit des circonstances. Je ne suis pas obligé de changer de trottoir en croisant une femme enceinte, je peux prendre un nouveau-né dans mes bras avec émotion tout en conservant notre histoire en mémoire. Il suffit de faire la part des choses. L'autre jour, en parlant avec un collègue, j'ai dit « espérer qu'un client ne nous fasse pas un petit dans le dos ». Je ne me suis aperçu qu'après coup de l'ironie de l'expression en ce qui me concerne, mais je trouve rassurant de pouvoir encore l'utiliser normalement. Beaucoup de gens ne le comprennent pas. Ils aimeraient croiser un homme anéanti, en pleine dépression, fondant en larmes à la vue d'une poussette. La vendeuse de surgelés m'a permis d'accepter qu'on puisse passer outre à un drame survenu dans une famille. Il n'est pas question de le nier mais il faut s'adapter aux circonstances. J'aurais pu sortir de cette rencontre fortuite abattu. Il n'en fut rien. Bien au contraire. Peut-être est-ce ma nature. En tout cas c'était indispensable, pour tenir le cap avec les enfants, et pour soutenir Véronique.

Quelques jours après la garde à vue, je suis allé acheter des cigarettes dans le centre de Tours. Des portraits de Véro se trouvaient placardés sur tout un mur chez le marchand de journaux. J'ai continué à marcher. Sans me cacher. Au début, au supermarché, je poussais le chariot en fixant le carrelage afin de fuir les regards. Et puis, j'ai fini par ne plus les voir, ces regards inquisiteurs. Cela dit, dans la rue, des gens m'ont aussi manifesté leur soutien en m'offrant de chaleureuses poignées de main, en me demandant des nouvelles de Véronique. Et à la fête du village, ils furent nombreux à venir me parler.

Les premiers à m'avoir redonné espoir furent les avocats, et aussi les psys que j'ai rencontrés pour en savoir plus. Tous m'ont dit : « Votre femme n'est pas un monstre. Votre femme a un très, très gros problème mais ce n'est pas un monstre. Et vous, vous n'avez rien vu parce que vous ne saviez pas que cela pouvait exister… Mais attention, au procès, vous marcherez sur des œufs car les magistrats ne sont pas du tout sur la même longueur d'onde : ils sont dans l'approche criminelle de l'affaire, il sera difficile de les convaincre. »

Évidemment cela ne me donnait guère d'espoir et souvent je sortais de ces rendez-vous assez désemparé, mais maître Morin était là qui, lui, ne tolérait pas que je faiblisse. Plus d'une fois, il m'a rattrapé par les bretelles. Un jour où, à bout de nerfs, je lui disais « J'en ai ras le bol, tous ces gens qui me regardent quand je traverse l'usine, ces articles, ces ragots... », il m'a répondu fermement :

– Écoutez, Jean-Louis, vous n'êtes pas le premier à qui ça arrive. Et certains, dans votre cas, n'ont pas votre chance.

Ma chance ? Eh oui... Celle de pouvoir m'exprimer, déjà, devant les représentants de la Justice. Certaines personnes ont du mal à aligner leurs phrases, sont tétanisées devant l'autorité judiciaire, ont parfois un physique peu engageant : tout cela joue, face à certains magistrats. Et là, les pauvres, ils sont tout de suite flingués.

Et puis, j'ai eu aussi la chance de posséder une situation professionnelle stable, Delphi m'a soutenu, a assuré la survie alimentaire de la famille. Il y a des gens plus mal lotis, qui ont tout contre eux. Je me souviens avoir vu à la télé un père qui ne voulait plus voir sa fille – emprisonnée pour avoir tué son nouveau-né – et m'être dit « le salaud, c'est lui ». D'une certaine façon, j'ai eu de la chance, en effet...

Personne, dans mon entourage familial, amical ou professionnel, ne m'a « écrasé » de reproches. Heureusement car, même si je cherchais à réagir de façon positive, le drame que je venais de vivre, et que Véro avait vécu, sans doute, pendant des années, occupait tout mon esprit.

*
* *

La recherche d'une explication au geste – aux gestes – de Véronique m'obséda au point de me rendre d'une inefficacité flagrante au boulot pendant des mois. J'ai toutefois compris l'importance de voir des gens, de se lever, de se raser, de faire le petit déjeuner des enfants... Un nouvel arrêt de travail n'aurait pas été une bonne option. Je ruminais mon immense tristesse et ma colère vis-à-vis de l'incompréhension de certains représentants de la Justice tout en me préparant à attendre Véro pendant plusieurs années. Je calculais en fonction de telle ou telle condamnation et des remises de peine. J'ai commencé à penser que tenir quinze ans était possible. Je l'imaginais sortir à l'aube de la cinquantaine, ce qui nous laissait vingt bonnes années à vivre ensemble. Le temps demeurait cependant suspendu, dépourvu de projets, alors que je fonctionne depuis toujours en me fixant des objectifs. Et puis à mesure que je voyais la défense se construire pendant l'instruction, la peine réduisait dans mon esprit. Douze ans… Je refusais désormais qu'on l'envoie en prison pour quinze ans. Une lourde peine aurait été désespérante pour notre société. Elle aurait signifié que les jurés n'avaient rien compris aux dépositions des spécialistes cités par la défense et n'avaient pas admis que Véro souffrait d'un mal identifié par les médecins (pas tous !) mais aux causes encore mystérieuses.

Véro n'a jamais quitté ma tête. Elle était omniprésente, même si, comme tous les hommes, il m'arrive de regarder d'autres femmes. Les déplacements professionnels sont devenus difficiles, j'éprouvais beaucoup de mal à rester seul. J'avais besoin de parler, de réfléchir et j'aurais pu me mettre à picoler après le coucher des enfants.

Les enfants… J'aurais aimé savoir ce qu'ils pensaient des actes de leur mère mais ils se cantonnaient dans des réponses évasives. Ils en parlaient entre eux mais voulaient me préserver.

J'ai eu quelques échos, par Cathy (l'une des amies qui les gardaient à la sortie de l'école), de leurs discussions du début et je crois savoir qu'à ce moment ils se sont posé des questions… sur leur propre sort, sur la différence entre eux et « les bébés ». Quand j'ai appris cela, je ne les ai pas attaqués de front, mais un soir qu'ils n'arrivaient pas à dormir, je suis monté leur parler. Je leur ai proposé de regarder des photos d'eux bébés, avec leur mère. Léo, environ huit mois, au milieu d'un champ de marguerites. Paul, six mois, dans un fauteuil, très relax, comme s'il attendait l'apéro. Je leur ai raconté leur toute petite enfance, montré des photographies de leur mère étudiante, si mignonne. Ils ont vu que leurs parents s'aimaient. Ils ont rigolé avant de s'endormir, apaisés.

En prison, leur mère leur a fabriqué des bracelets brésiliens, des collages, des porte-clefs. Elle ne cessait de penser à eux.

Il n'empêche que cette façon qu'avaient mes fils de vouloir m'épargner à tout prix ne me paraissait pas dans la logique des choses. D'autant qu'elle supposait des non-dits. Or des non-dits, j'en avais eu ma dose et j'en mesurais les conséquences. À plusieurs reprises, quand je suis rentré du boulot, Cathy ou Dominique m'ont dit :

– Ça ne va pas du tout. J'ai vu de grosses traces de larmes sur les joues de Paul en arrivant ce soir.

Mais devant moi, on ne montrait rien.

Un jour, j'ai rompu le silence. J'ai piqué une vraie colère contre Léo à cause d'un incident qui avait eu lieu à l'école et qu'il m'avait caché. Il était en train de papoter avec ses copains quand trois filles de treize ou quatorze ans s'étaient approchées de lui :

– Alors, c'est bien toi, le fils de la femme qui a tué ses bébés ?

Il ne répond pas, elles insistent, le suivent, jusqu'à ce que ses copains fassent diversion et détournent l'attention.

Léo a eu une excellente réaction, il est allé voir le conseiller principal d'éducation, lequel a convoqué les trois adolescentes et leur a expliqué la situation. Ce n'était qu'une indiscrétion de gamines, sans méchanceté, ils ont juste mis les choses au point.

Mais moi, là, j'ai vraiment insisté pour qu'on ne me cache plus rien.

Dans le village, les garçons n'ont pas été mis à l'écart. Ils ont très vite trouvé des copains, se sont recréé leur vie avec de nombreuses balades à vélo, des cabanes dans les bois et des consoles de jeux, comme tous les enfants. Ensemble, nous avons aussi effectué des randonnées à VTT, et puis quelques extras comme une initiation au motocross qui leur a procuré un énorme plaisir ainsi qu'une descente de la Loire en canoë. Ce parcours d'Amboise à Langeais reste un souvenir émouvant avec des bivouacs sur des îles agrémentés de repas mémorables que nous avions soigneusement préparés. Inutile de préciser que ces deux sorties ont plongé leur mère, toujours dans la crainte d'un accident, dans un abîme d'angoisse. Mais ces escapades étaient et demeurent, plus que des bouffées d'air frais, des moments privilégiés parce que mes deux fils se trouvaient à un moment de leur vie où l'on change, physiquement, bien sûr, à toute vitesse, et surtout intellectuellement. Des enfants curieux, intéressés par un tas de choses, et non pas bloqués par une passion exclusive. Les jeux vidéo restaient juste une distraction… Léo, en pleine puberté, commençait à regarder les filles d'un autre œil. Je pensais avec amertume à ce que manquait Véro… Quelle expérience formidable de regarder grandir ses enfants ! Au-delà de l'enfermement, il s'agissait certainement pour elle de l'épreuve la plus difficile à supporter. Elle n'était pas là pour les aider dans cette phase fondamentale de la vie. D'ailleurs, chaque samedi matin au parloir, nos conversations portaient essentiellement sur nos fils, sur leur état émotionnel. Lorsqu'ils lui rendaient visite, elle remarquait mieux que moi si l'un d'eux cogitait ou semblait turlupiné par quelque chose. Pendant ces trois ans, mon entourage s'est montré attentif aux flottements psychologiques de Léo ou de Paul. Ils ont comblé mon manque de recul étant donné les circonstances.

Lors de la rentrée scolaire 2006, une énorme solidarité s'était établie autour de Paul à l'école primaire de Souvigny. Ce fut un peu plus difficile pour Léo, qui entrait en sixième. Dans la cour ou à l'arrêt de bus, il a dû faire face à des interpellations pas toujours très finaudes. Heureusement, le service de vie scolaire a pris immédiatement les choses en main afin de régler le problème en douceur. Léo et Paul se sont rapidement fait une bande de camarades qui évoquaient parfois l'affaire mais toujours pour leur parler de leur mère avec tendresse. Les professeurs se sont montrés vigilants, essayant de les soutenir. Léo qui, en Corée, je le rappelle, figurait en queue de classement et n'avait obtenu des résultats moyens que grâce aux efforts acharnés de sa mère, récoltait désormais des félicitations à chaque trimestre. Il m'a expliqué les raisons de son changement d'attitude. Dès octobre 2006, il a compris que la Justice guettait la faille familiale. Avec de bons résultats scolaires, il supprimait une raison d'inquiétude, d'implication des psys imposés par les magistrats et des services sociaux, qui n'auraient pas manqué d'attribuer une situation d'échec scolaire à l'incarcération de sa mère. Son frère a suivi la même voie. Ainsi, ils montraient leur présence aux côtés d'un couple resté uni malgré le drame.

Car cela se passe ainsi, en pareil cas. Vous êtes expertisé psychologiquement, puis vos enfants le sont. On envoie des enquêtrices sociales voir comment ça se passe à la maison, parler avec vos fils, ensemble et séparément, et au moindre doute on nomme un juge pour enfants. Lequel a tous les droits, y compris celui de vous les retirer.

Le procureur n'a pas jugé bon de nommer un juge pour enfants. Le rapport des assistantes sociales a été favorable.

Léo comme Paul étaient parfaitement conscients de l'enjeu. Ils avaient compris que réussir à l'école serait un atout pour notre bonheur familial. Ils se battaient pour leurs parents.

Bien sûr, rien n'est gagné sur le long terme. Les psys en parlaient tant, de ces séquelles probables ! Certains assuraient que ces enfants dissimulaient leur anéantissement mais que plus tard…

Moi, je refuse le pessimisme obligatoire, et surtout la dramatisation. Non que je sois naïf, mais je ne veux pas détruire nos forces positives par des *a priori* dont personne ne sait rien. Si on commence par se dire les uns et les autres « De toute façon, on va vivre un enfer ! », c'est foutu. Ce qu'il faut en revanche, c'est s'armer pour l'avenir, prendre le maximum de précautions. Léo et Paul voient des pédopsychiatres, je les vois moi-même après chaque séance, pour l'instant il ne se passe pas grand-chose, mais au cas où, tout le monde est aux aguets.

Même le retour de Véro, que nous attendions tous à l'époque, sans savoir si elle bénéficierait ou non d'une liberté conditionnelle, poserait peut-être problème. Elle remettrait un peu d'ordre dans leurs vies de « petits mecs », il faudrait ranger le linge qui traîne, ne pas faire ceci ni cela. Or les ados, même dans des circonstances autrement banales que les nôtres, se rebellent. Alors ?

Alors on verra. Alors on fera. Mais je refuse de saper notre moral avec des scénarios catastrophe.

L'union a fait notre force. Et nous sommes restés unis parce que nous savions tous que Véronique n'avait pas agi dans une démarche criminelle.

*
* *

Renoncer à me déplacer à moto fut, au quotidien, un changement notable imposé par les circonstances : ma déprime d'abord, et l'inquiétude de mes fils qui, je l'ai dit, m'a fait remiser l'engin au garage. Mais Dieu sait si l'engin en question a coûté de salive aux magistrats ! À les croire, seule la moto comptait pour moi. Or c'est faux. Bien sûr, très jeune, elle m'a passionné. Plus que les voitures. Un rêve de gosse. Ado, je regardais les affiches de la

Honda 1000 CBX en me disant qu'un jour… Après avoir passé le permis grâce à mes premières payes, j'ai acheté en 1990 une petite Honda avec laquelle Véronique et moi avons effectué d'innombrables balades. Au total, je n'ai possédé que quatre motos, la dernière étant une Triumph. Loin d'être un passionné de vitesse, je préfère les longues randonnées qui constituaient l'essentiel de nos sorties du week-end. Véronique adorait ça. Même si notre bande de copains se trouvait dispersée dans la région, nous trouvions un point de rendez-vous afin de parcourir ensemble les routes de campagne.

En Corée, il n'était pas question de circuler à moto. Routes poussiéreuses, notion de priorité assez aléatoire, dépassements sans clignotant par la droite ou la gauche, le tout au milieu d'un intense trafic. Réflexion faite, j'ai renoncé. Trop dangereux. Quoi qu'en aient dit les juges, là-bas, où eurent lieu deux des trois infanticides, je ne passais pas mon temps les mains dans le moteur puisque la moto était restée en France ! Cette histoire de moto leur a fourni un prétexte dérisoire, monté en épingle jusque dans le réquisitoire du procureur. Selon eux, je négligeais Véro psychologiquement, préférant ma moto… Mais pourquoi aurais-je payé des frais d'entretien alors que je sais effectuer une vidange, régler des freins ou un moteur ? C'est tout de même mon métier ! Il s'agissait seulement d'un passe-temps agréable, lorsque la machine en avait besoin, comme d'autres bricolent chez eux si des réparations se révèlent nécessaires.

En tout cas, désormais, la Triumph dort sous sa bâche.

Lorsque j'ai dû partir en déplacement professionnel en Italie ou en Inde et après avoir sollicité chaque fois l'autorisation de la cour d'appel, des amis quand il s'agissait de missions de courte durée, ou les grands-parents pour des absences plus longues, se sont installés à la maison. Cela dit, bien qu'ils adorent leurs grands-parents, les enfants préféraient nettement la présence des copains car, d'après ce que j'en apprenais au retour, ces intermèdes donnaient lieu à des moments de franche rigolade. Et puisqu'à toute chose malheur est bon, nos fils se sont énormément rapprochés de leurs cousins durant les vacances scolaires, chose impossible lorsque nous vivions en Corée. Plus d'une fois, il y a eu un oncle et une tante pour les emmener en séjour à droite ou à gauche.

La solidarité familiale fut aussi financière. Les parents de Véro ont tenu à couvrir les frais d'avocat de leur fille et ma mère m'a donné un coup de main lorsque le compte a dangereusement plongé dans le rouge. De toute façon, comme j'étais mis en examen, susceptible de partir en prison et de perdre mon travail, la banque aurait refusé de me prêter le moindre sou. Le petit pécule que nous avions rapporté de Corée a fondu comme neige au soleil. Si j'avais dû comparaître devant la cour d'assises, maître Morin aurait certainement demandé l'appui d'un ténor parisien et là, il m'aurait fallu solliciter plus largement l'aide de la famille.

*
* *

À partir de fin novembre 2006, grâce à la juge d'instruction, que je remercie pour cela, les enfants ont eu droit à un parloir tous les quinze jours, accompagnés par une visiteuse membre de l'association Relais enfants-parents, qui s'occupe spécifiquement des enfants dont les parents sont en prison. Ils étaient si heureux de voir leur mère ! Ils sont ressortis du premier parloir (aménagé pour les enfants avec des jeux de société, un lit) avec les batteries rechargées. Les accompagnatrices ont toujours été surprises de la force du lien entre Véro et ses fils. Et tous les témoins de leurs retrouvailles ont très bien compris qu'il n'y avait rien de commun entre ces deux garçons et les trois bébés qui, aux yeux de Véro, n'étaient pas des enfants.

Tous les quinze jours, Léo et Paul rencontraient donc leur mère au relais enfants-parents de la prison, hors de ma présence. Ils jouaient à des jeux de société, discutaient de l'école, de leurs notes bien sûr, mais aussi de l'affaire. Le plus souvent, ils restaient discrets sur le contenu de ces conversations. Ils préféraient me raconter les éclats de rire en compagnie de leur maman, comme le jour où ils avaient déclenché, à deux reprises, l'alarme de la prison lors d'une bataille de coussins !

À la maison aussi régnait souvent une ambiance un peu délirante, mais jamais ils n'ont dit « heureusement que maman n'est pas là ». Au contraire, ils répétaient souvent : « Vivement qu'elle revienne parce qu'une maison entre mecs, c'est vraiment nul ! »

Début 2008, nous avons obtenu pour la première fois un parloir famille pour nous retrouver dans une pièce d'environ trois mètres carrés, tous les quatre assis autour d'une table. Sous le regard amusé d'une surveillante, Véro passait de genoux en genoux, ce qui ne m'a pas empêché de sortir de là complètement démoralisé. Les enfants aussi, qui ont trouvé l'attente beaucoup trop longue et les lieux dégoûtants. Ça les changeait beaucoup du parloir relais enfants-parents (auquel je n'avais pas le droit de participer), où ils étaient pris en charge immédiatement. Au parloir « ordinaire », en revanche, on arrive, on passe les portiques, on est scannés, parfois fouillés, on attend une heure dans une salle, la visite dure une demi-heure et on repart. Re-formalités : une après-midi pour trente minutes d'entrevue. Le parloir relais enfants-parents, lui, devait durer une heure, mais ça se passait tellement bien que les gardiens les laissaient parfois ensemble deux heures. Un jour, ils les ont même complètement oubliés : ils étaient arrivés à 15 heures, ils sont sortis à 18 ! J'étais ravi.

Le parloir ordinaire, celui auquel j'avais droit lors de mes visites à ma femme, c'est autre chose. D'abord le bruit des clefs. On doit toujours montrer ses mains pour éviter les gestes trop appuyés, trop… affectueux, dirons-nous. Véro et moi avons surnommé Tulamour une gardienne zélée, très pointilleuse quant à ces attitudes. Certaines surveillantes, cependant, exercent ce métier par conviction, avec humanité, pour faire œuvre sociale. Elles sont conscientes des problèmes engendrés par la surpopulation et ne nient pas qu'une immense proportion des détenues n'a rien à faire derrière les barreaux.

… En dépit des contraintes, le parloir n'en reste pas moins une bouffée d'oxygène hebdomadaire.

On y parle du dossier, des enfants, des travaux à la maison, de la famille, des amis… Avant la visite, on se dit toujours qu'il faudra discuter de ceci et de cela, mais le temps passe tellement vite qu'on oublie la moitié des choses qu'on s'était promis d'aborder.

Au tout début de son incarcération, Véronique m'avait dit : « Il faut que tu t'en ailles, que tu refasses ta vie, ce n'est pas possible… »

Ce qui n'était pas possible pour moi, c'était de l'abandonner là, dans cet état de détresse, seule. Qu'elle veuille me « rendre ma liberté » m'a ému. Mais il n'en était pas question. Je lui ai répondu que ce que je voulais, c'était reconstruire. Et que la reconstruction commençait maintenant, en prison, même dans des conditions difficiles.

Car il faut savoir ce qu'est la « préventive ». Vous êtes présumé innocent mais traité comme un coupable. Une cellule de neuf mètres carrés, à deux en général, portes fermées sauf pour la promenade deux fois par jour, et le reste du temps il faut vous occuper l'esprit, ou les mains. Au début, Véro a obtenu une place à la blanchisserie… bientôt fermée pour cause de non-conformité. Plus de boulot. C'est là qu'elle s'est inscrite en fac par correspondance, en vue d'obtenir une licence d'anglais, qui pourrait lui servir un jour à trouver du travail.

Et puis il me semblait qu'on pouvait déjà parler de l'avenir, et il y avait à faire. Tout restaurer : notre vie, les enfants, moi, et surtout Véro.

... Et aussi nous préparer à un procès qui s'annonçait difficile, où il faudrait lever des tabous, essayer de comprendre et surtout de faire comprendre.

Vu la façon dont s'annonçaient les choses, ce n'était pas gagné.

6

Fausse route dès le départ

La peine prononcée à l'encontre de ma femme en témoigne, la Justice ne s'est pas acharnée sur Véronique. Mais elle n'a pas cherché non plus à creuser plus avant dans le domaine du déni de grossesse, dont la reconnaissance officielle aurait évidemment tout changé. Certes, elle a ordonné des expertises, et dans certains rapports d'experts, il y avait des pistes relatives à l'enfance de Véronique, à certaines souffrances et certains non-dits qui ont probablement influé sur la construction de sa personnalité. La juge n'a pas vraiment fait en sorte d'en savoir davantage. Elle n'a reçu les parents de Véro que brièvement. Pour demander à ma belle-mère, par exemple, d'indiquer la couleur des robes de mariée de ses filles et belles-filles (à cause de la fameuse robe noire que portait Véronique à notre mariage). Face à des gens taiseux, la magistrate n'a pas beaucoup insisté afin d'en tirer quelques éléments pertinents. Un des frères, Thierry, a demandé à être auditionné. Aucune suite. Je reproche à cette dame d'être restée campée sur ses idées et sa propre expérience de la maternité alors qu'il existe en France et partout dans le monde des spécialistes du déni de grossesse susceptibles de l'éclairer. La médiatisation de l'affaire, la dimension internationale ne semblent pourtant pas avoir influé sur sa façon d'instruire, apparemment assez indépendante. Indépendante vis-à-vis de la hiérarchie judiciaire, oui, et c'est tout à son honneur, mais pas indépendante vis-à-vis d'elle-même, puisqu'à de nombreuses reprises elle a affirmé qu'une telle chose n'aurait pas pu lui arriver. Il faut reconnaître que Véro l'a bien aidée, saisissant toutes les perches à charge qu'on lui tendait. Afin de me protéger peut-être, c'est-à-dire pour appuyer mon ignorance complète de ses actes.

Véro apportait en fait des réponses logiques à des questions posées dans une logique criminelle alors que ses agissements, justement, échappaient à toute logique.

Dès le départ, il y a eu ce prétendu aveu de « toute-puissance » recueilli par les flics de la PJ pendant la garde à vue. Mais Véronique n'a jamais pensé – elle me l'a confirmé par la suite – « avoir éprouvé un sentiment de toute-puissance sur les bébés », ce terme lui a été proposé par un enquêteur, un peu comme une expression qu'on utilise en pareil cas et, dans son état de confusion intense, elle l'a accepté. Or le soir même de nos mises en examen, lors de sa conférence de presse, le procureur a utilisé l'argument du sentiment de toute-puissance comme explication des faits.

Si la Justice a pris en compte le problème psychiatrique dont souffre Véronique lors du procès, il n'en avait rien été pendant l'instruction. Et même si les magistrats se sont couverts en ordonnant expertises et contre-expertises, ils n'ont pas vraiment intégré cette dimension dans leur propre réflexion. Comme si les deux aspects, psychologique et criminel, étaient distincts. La juge, elle, s'est contentée d'instruire une affaire de meurtre. Même si c'est son job, je déplore qu'elle ne soit pas allée au-delà dans un dossier aussi atypique. Certes, ce n'est pas la loi, mais j'estime qu'il en allait de son devoir. Pour juger, il faut bien comprendre !

Lors des auditions de Véronique, cette magistrate est restée dans le déroulement des faits, celui des accouchements clandestins et de notre vie de couple. Explorer uniquement la démarche criminelle était-il plus facile, plus rassurant ? Sans doute, et pour tout le monde, moins dérangeant. Et puis, la mise en scène des auditions dans son cabinet n'incite en rien les mis en examen, surtout quelqu'un comme Véronique, à s'épancher. On se trouve assis à environ deux mètres du bureau, la juge ne vous salue pas, ne vous regarde pas, feuillette le dossier avant d'annoncer que l'audition va reprendre au point où elle en est restée la dernière fois.

De la même façon, devant la chambre de l'instruction, où le dossier arrive après être passé chez le juge, le président fusillait Véronique du regard. Le meilleur moyen de la fermer comme une huître. Il n'a fait preuve d'amabilité que lors d'une seule audition : celle où il a suggéré une éventuelle culpabilité de ma part. En larmes, Véronique a fini par lâcher :

– Si vous espérez m'entendre dire que mon mari ne m'aimait pas, vous perdez votre temps.

De toute façon, autant le président de la chambre de l'instruction que la juge ont cherché à mettre au jour un scénario prémédité, mis au point par intérêt personnel. La juge s'est comportée avec Véro comme elle l'aurait fait avec un malfrat, un criminel qui cherche à éviter la justice.

Pendant le complément d'instruction demandé par la cour d'appel d'Orléans, le président a tenté de m'orienter, en me disant de « prendre mes responsabilités afin d'alléger la peine de Véro ». Et alors que je m'indignais de ces menaces « qui ne me feraient pas inventer une histoire susceptible de coller avec sa vision des choses », il m'a fait comprendre que je devais changer de ton au risque d'écoper d'un outrage à magistrat. Pour sa part, en cours d'audition, maître Morin a eu toutes les peines du monde à vérifier les notes de la greffière à cause de l'absence d'un deuxième écran d'ordinateur.

Outre ces conditions déstabilisantes, la juge d'instruction, pas plus que les psys, n'a compris que le débat était biaisé par ma mise en examen. Pour Véronique, qui me savait innocent, le poids de cette injustice, la menace qu'elle impliquait pour Léo et Paul n'ont fait que s'ajouter au poids de la culpabilité et au dégoût de soi. Elle me l'a expliqué quand j'ai bénéficié de ce non-lieu qui l'a tellement soulagée : face à une machine qui ne voyait dans cette affaire que deux vases communicants, elle se chargeait pour me libérer. Les efforts de maître Hélène Delhommais, son avocate, pour l'amener à parler d'elle, des faits, de sa personnalité n'y ont rien changé. Dès le départ, mon possible renvoi devant la cour d'assises l'a encore plus meurtrie que la séparation d'avec les enfants. Elle se chargeait avec l'espoir de me disculper. Et la magistrate se satisfaisait de ces réponses, sans creuser plus loin, sans s'intéresser aux contradictions ou aux incohérences du discours de Véro.

À la question « Avez-vous été heureuse dans votre enfance ? » Véronique a répondu « oui » sans un instant d'hésitation. À lire le P-V, son enfance ressemblait à *La petite maison dans la prairie*. Or, certes Véro n'a pas été maltraitée, mais l'enquête ultérieure a dessiné une enfance marquée par une absence complète de communication : une mère triste, facilement en pleurs, très peu démonstrative sur le plan affectif, qui ne prenait pas le temps de vivre pour elle, et un père gentil mais complètement absorbé par le travail. D'où les difficultés de Véro pour exprimer ses sentiments. Seulement quand un mis en examen répond ainsi de façon claire et catégorique par oui ou par non, la juge passe à une autre question. Quand elle lui a demandé « Avez-vous tué ces enfants pour vous venger du délaissement de votre mari ? » Véronique a répondu « non », et la juge, persuadée que ce refus de m'accabler cachait une complicité, a cherché de mon côté, imaginant que les infanticides étaient liés à une perversion du couple. L'instruction a été faussée par ces recherches obsessionnelles autour du couple, mais aussi parce que Véronique s'est sans doute volontairement chargée pour éviter qu'un innocent aille en prison et que mon absence, dès lors, achève d'anéantir Léo et Paul.

Mais, et je le redis, c'est le décalage entre l'approche exclusivement cartésienne de la Justice et l'état de détresse et de rupture avec le réel dans lequel était plongée Véro qui a aveuglé les juges et enquêteurs.

En ne prenant pas en compte le problème psychiatrique dont elle souffrait, jamais l'instruction n'a approché la vérité.

– Savez-vous ce qu'est l'ADN ? demandait la juge.

– Bien sûr, répondait Véronique.

– Alors pourquoi avoir nié lorsqu'on vous a présenté les preuves ?

Elle n'avait pas nié mais seulement répondu que non, non, non, ces enfants n'étaient pas les siens, parce que dans son esprit existait un clivage total envers ces grossesses. Ce n'étaient même pas des enfants. Elle répondait sincèrement sur un plan psychique, même si ses affirmations étaient en contradiction avec la réalité. Il a fallu l'énorme travail accompli en prison avec le psychiatre pour qu'elle établisse la relation entre elle et ces bébés. Pendant presque toute la durée de l'instruction, les réponses de Véronique ont été à l'avenant : dictées par une logique extérieure qui n'avait rien à voir avec son vécu, ni avec la réalité. Manifestement, elle disait ce qu'on attendait d'elle.

Au sujet du premier infanticide, commis à Villeneuve-la-Comtesse, les expertises ont démontré que l'incinération du corps dans la cheminée avait duré deux heures : beaucoup moins longtemps que ce qu'indiquait Véronique. Contrairement à ses déclarations, elle n'avait pas dû rester devant la cheminée pendant cinq heures et recharger régulièrement l'insert pour faire disparaître le corps. Combien d'heures lui avait-il fallu ? avaient demandé les flics. Deux, trois, quatre, cinq ? Elle avait répondu cinq parce que c'était le dernier chiffre prononcé. On lui aurait parlé en nombre de jours, peut-être aurait-elle acquiescé… Comme si la scène n'était pas déjà assez pénible, elle en avait rajouté.

De la même manière et de façon constante, elle a toujours affirmé avoir étranglé les bébés alors que les autopsies ont démontré qu'ils avaient été étouffés avec une serviette de bain. Eh bien non, elle persévérait même devant les conclusions des experts, quitte à effrayer un peu plus les jurés. Sacrée stratégie de défense… Parce que si le résultat est le même, il existe une différence entre étrangler et étouffer. Évidemment, l'acte étant commis, la juge n'a pas cherché à savoir l'origine de cette confusion dans ses déclarations.

De toute façon, on n'a jamais cherché à se pencher sur les réponses erronées de Véronique.

1. Cinq heures pour faire disparaître le premier bébé ? Faux : il a fallu deux heures.

2. Les autres bébés ont été étranglés ? Faux : ils ont été étouffés avec une serviette.

3. Elle prétend avoir coupé les cordons ombilicaux avec des ciseaux, geste qui peut manifester une forme d'organisation dans le crime qui étayait la

préméditation. Or, les autopsies ont démontré que les cordons avaient été déchirés avec les doigts.

L'idée des ciseaux, *a priori* logique, a probablement été suggérée par un policier et Véronique a approuvé. Pourquoi ? Sans doute parce qu'elle avait complètement occulté les accouchements et donnait des réponses logiques à des questions logiques. Elle a dû imaginer l'histoire en même temps que les flics. Et la juge a suivi le fil du récit. En réalité, comme l'a compris au cours du temps maître Delhommais, Véronique a réinventé le déroulement des faits à l'envers en partant des éléments matériels fournis par l'enquête.

Quant au mobile, même absence de recherche pointue. On interroge Véro sur son désir d'avoir d'autres enfants. Elle dit qu'elle n'en voulait que deux. Conclusion : c'est pour cela qu'elle a tué les trois autres. Sauf que dans son esprit, il n'y a pas d'autres enfants, pas de bébés, pas de grossesse ! Maints signes en témoignent : quand elle a été enceinte de Léo et Paul, elle a été capable d'arrêter de fumer, de ne pas boire une goutte d'alcool, de ne pas manger de fruits de mer ni de fromage, alors que pendant les trois grossesses suivantes elle a continué à fumer, à boire du vin à table et à s'alimenter sans la moindre restriction. J'admets la difficulté à comprendre qu'une femme instruite, grande lectrice, s'exprimant correctement, d'un abord charmant, bonne mère possède une telle faille psychologique. Et pourtant cette faille existe. Je ne l'ai pas perçue à l'époque, mais elle est là. On ne s'en est guère préoccupé.

Et pourtant, entre les lignes, il était possible dès la garde à vue de deviner que quelque chose clochait dans sa tête, dans son discours.

Lors des aveux devant les policiers, Véronique a ainsi lâché « ne pas avoir tué des enfants mais une partie d'elle-même ». Quand la juge d'instruction lui a demandé quel était le plus beau jour de sa vie, elle a immédiatement cité la naissance de Léo et Paul. Dans son esprit, elle n'avait accouché que deux fois. Et à la question « Quel est le pire jour de votre vie ? » elle a répondu « Ce que je vis actuellement ». Aucune question supplémentaire. De même lorsqu'elle a dit : « Une partie de moi constatait une métamorphose physique de mon corps pour m'indiquer que j'étais enceinte et une autre partie de moi l'occultait, si bien que j'oubliais. » Franchement, sans être flic ni magistrat, si une femme me disait ça, j'essaierais d'en savoir davantage, d'en comprendre la signification. Eux non. Rien. Ils possédaient pourtant là peut-être pas le trousseau entier mais au moins une clef du mystère.

Il en est de même avec les premières expertises psychologiques, demandées par la juge, dont les conclusions ouvraient des pistes. D'après elles, en effet, on ne relevait dans les agissements de Véro ni sadisme ni perversité. On notait une propension à la dissimulation, mais « quand elle ment, madame Courjault se ment à elle-même, ne parvient pas à se dévoiler elle-même ». Le rapport au corps lors des grossesses dissimulées ? Un corps nié, objet d'annulation. « Une temporalité particulière à la base de souffrances qu'elle n'arrive pas à dévoiler », le tout la faisant évoluer, de façon répétitive, vers une dénégation de la grossesse, un « déni » de la réalité objective.

Malgré ces pistes, où les mots « déni » et « dénégation » étaient clairement prononcés, la juge a préféré mettre en avant les conclusions du premier collège de psychiatres, nettement plus accablantes.

*
* *

Sur l'échelle de valeur des magistrats, les psychiatres, médecins, bénéficient d'une aura bien supérieure à celle des experts psychologues. Est-ce pour cela que la juge, tout comme la chambre d'instruction, a privilégié leurs rapports, que Véronique traînera comme un boulet jusqu'au procès ?

D'après ces psychiatres, entre autres :

« L'étranglement des enfants, *si* ceux-ci sont bien décédés par étranglement, *aurait été* réalisé d'une main, étouffant ainsi rapidement les cris du nouveau-né, sans émotion, de façon *apparemment* froide et déterminée. »

« Après le premier acte, le premier infanticide, elle a *peut-être* elle-même été surprise par la facilité avec laquelle elle était parvenue à dépasser cette première épreuve, *peut-être* à y ressentir le plaisir secret du pouvoir de donner la vie et la mort. À partir de ce premier acte "réussi" et *peut-être* source d'un plaisir secret, le plaisir de la dissimulation, le plaisir du pouvoir, le plaisir de la mystification et du défi, le plaisir intime du pouvoir de garder un tel secret et de faire preuve d'une telle maîtrise, il était devenu facile, presque banal, de récidiver. »

Avec leurs *si*, leurs *peut-être* et leur conditionnel, ces experts, clairement à charge, échafaudent le scénario d'une manipulatrice, d'une criminelle qui *tirerait* de ses agissements un plaisir pervers. Et ils présentent leurs conclusions comme des certitudes.

– Madame Courjault est toujours restée en contact avec la réalité, y compris la réalité des trois grossesses dissimulées. « Il ne s'agit pas d'un déni. »

– Elle a réussi à masquer ces grossesses et a déjoué toutes les suspicions de son entourage.

– Malgré une apparente soumission, elle a fait preuve d'une assurance exceptionnelle en faisant disparaître les cadavres… Elle se rend au congélateur sans problème…

Bref, sous-entendu, aucun remords.

Le premier expert psychiatre, redouté de tous les avocats pour ses rapports régulièrement « à charge », a été désigné deux jours après le mandat de dépôt de Véronique. Il l'a examinée pour la première fois le 17 octobre 2006. Encore sous le choc, elle ne se trouvait certainement pas dans les meilleures dispositions. Et à ce moment-là, ne comprenait strictement rien au sens de ses actes. L'autre expert composant ce collège était une jeune femme. Elle, semble-t-il, a vu en Véronique une bourgeoise qui s'ennuyait et tuait des nouveau-nés par perversité.

Ces experts ont revu plusieurs fois Véro quelques mois plus tard, entre janvier et mars 2007. Il était néanmoins encore beaucoup trop tôt pour que Véro ait pu prendre pleinement conscience de ses actes. En revanche, elle savait lire, et l'une des conséquences du rapport à charge qui suivit fut de lui inspirer une sainte terreur des experts. Elle s'était un peu livrée devant le premier psychiatre mais fut complètement accablée à la lecture des conclusions : ses maigres confidences avaient été interprétées en sa défaveur. Par exemple lorsque Véronique dit « pour moi ça n'a jamais été des enfants mais une partie de moi-même », ces psychiatres y voient non pas un déni de grossesse mais bien le fait qu'elle avait « renié » ces bébés et cherchait donc à s'en débarrasser.

En lisant ce rapport à charge, qui malgré la prudence de ses verbes au conditionnel échafaudait le scénario d'une manipulatrice dont le but ultime « aurait » été une source de plaisir pervers, Véronique s'est sentie incomprise, trahie.

Conscience du poids de ce genre de rapport, elle n'a ensuite que très peu parlé aux contre-experts. Et comme elle pesait désormais chacune de ses réponses, ils en ont rajouté une couche, la qualifiant de « calculatrice ».

*
* *

Ces contre-expertises avaient été ordonnées, à la demande du procureur et des avocats de Véronique, fin juin 2008, soit l'avant-veille d'une réforme autorisant la défense à présenter ses propres experts. La veille de la réforme, la juge d'instruction a désigné les siens. En revanche les avocats de Véronique se trouvèrent *ipso facto* privés de spécialistes du déni de grossesse comme le professeur Nisand, Sophie Marinopoulos ou bien d'autres. L'instruction s'est poursuivie alors qu'était entrée en vigueur une nouvelle loi dont la défense n'a pas pu bénéficier.

Pendant le procès, les médias ont totalement ignoré ce point. Bien souvent, d'ailleurs, ils ont considéré les experts cités, faute de mieux, en qualité de témoins par la défense comme de simples « témoins de moralité ». Les dépositions des contre-experts ont, elles, été reçues comme parole d'Évangile.

De plus, les deux psychologues cités comme témoins par la défense, et qui ont entendu toute la famille de Véronique, ont demandé à la rencontrer en prison afin de boucler la boucle. Refus.

Ce décalage entre la légitimité accordée aux experts « à charge » et celle refusée aux experts de la défense, pourtant plus spécialisés dans le domaine de la maternité et du déni de grossesse, a pesé lourd dans la balance.

Il est tout aussi évident que notre statut social a joué en défaveur de Véronique. À de nombreuses reprises, la juge d'instruction a souligné qu'elle ne travaillait pas. Que sous-entendait cette réflexion insistante ? Que Véronique était une fainéante qui préférait pratiquer le yoga, lire des romans et ne voulait pas d'autres enfants afin de jouir de cette oisiveté ? Pourtant, si nos revenus équivalaient à ceux d'un magistrat, nous menions une vie bien plus bohème que bourgeoise. J'ai reçu une éducation bourgeoise avec laquelle j'ai composé à l'adolescence, mais Véro est issue d'un milieu de viticulteurs aux fins de mois difficiles. Quoi qu'il en soit, notre statut social incitait un peu plus la juge à ramener les faits à sa propre expérience. Sous-entendu : dans « nos » milieux, ces choses-là – les infanticides – n'arrivent pas. Mais que signifie le statut social en de telles circonstances ? Le déni de grossesse peut toucher – c'est prouvé – toutes les couches de la société.

Sachant maintenant comment fonctionne une instruction, je constate que, confrontée à un dossier aussi extraordinaire, la juge a procédé selon un schéma standard : un crime, un coupable, un mobile. Tant pis si les éléments matériels (étrangler ou étouffer, couper le cordon avec des ciseaux ou le déchirer avec les doigts) ne collaient qu'approximativement. Le mobile ? Eh bien, Véro ne voulait pas d'autres enfants parce que c'est une paresseuse. Simple, non ? Pourquoi chercher plus loin ?

*
* *

Et pourtant, assez rapidement après notre mise en examen, les médias ont évoqué le déni de grossesse. Sans que la juge ne s'intéressât à la question : le sujet lui semblait un moyen de noyer le poisson. Une stratégie de défense. Elle a fini par changer d'attitude à l'automne 2008 après que maître Morin lui eut conseillé avant l'été de lire des livres sur le sujet. Les auditions se sont alors déroulées sur un autre ton, avec des questions un peu plus personnelles auxquelles Véronique n'a d'ailleurs malheureusement pas davantage répondu. Il n'empêche que jamais la juge n'a adhéré officiellement à cette notion de déni de grossesse puisque d'entrée le premier collège d'experts l'avait écartée. Pourquoi ? Parce qu'ils ne l'admettaient que dans sa forme la plus absolue, la plus extrême, celle du déni total. Ils ne semblaient connaître que l'exemple caricatural de la jeune femme qui se présente aux urgences en se plaignant d'horribles maux de ventre et accouche une heure plus tard sans que qui que ce soit ait remarqué la grossesse. Pour eux, le déni partiel ou déni intermittent, comme l'a expliqué le professeur Nisand à l'audience, n'existait pas. À partir du moment où Véro avait déclaré en garde à vue qu'elle avait parfois été consciente, même partiellement et momentanément, de son état de grossesse, elle n'était pas, selon ces experts, dans le déni total, et donc pas dans le déni tout court. Quant à noter que même dans le déni total certaines femmes ont des lueurs de lucidité, comme l'indique le docteur Navarro, ils ne s'étaient pas assez intéressés au sujet pour que ça leur vienne à l'esprit.

Dans un pareil contexte, à l'approche du procès, Véronique a manifestement compris qu'il était l'heure de se jeter dans l'arène, de parler. Courageusement, elle l'a fait avec sincérité. Comme ses sœurs, dont certaines sont elles aussi aux prises avec des problèmes de maternité, qui ont accompli d'énormes efforts pour s'exprimer. La peine modérée s'explique en grande partie par cette attitude. Et cette solidarité.

7

Le choix d'aimer

De jour en jour, d'année en année, entre 2006 et 2010, l'absence de Véronique m'a permis de réaliser combien elle constituait ma moitié au propre comme au figuré. Dès son incarcération, chaque nuit est devenue un calvaire. Impossible de dormir, même si je recule sans cesse le moment d'aller au lit. Me coucher sans elle, me lever sans elle me paraît impossible. Alors, je reste assis sur le canapé avec France Inter en sourdine, parfois un verre de whisky à la main et je réfléchis. Je me repasse le film. Revivre tous ces moments d'affection disparus auprès d'une autre ne m'intéresse pas. Quelle compagne pourrait se montrer aussi complémentaire ? Véro m'apaisait, elle apportait de la douceur à ma vie et contrebalançait le stress du boulot. Elle savait freiner mes enthousiasmes si j'accordais trop facilement confiance à quelqu'un alors qu'elle se montrait plus méfiante. Véro faisait presque preuve d'insouciance au quotidien mais s'affolait au moindre bobo de Léo et Paul.

Je me souviens d'elle riant de blagues idiotes mais qui regarde pour la vingtième fois *Autant en emporte le vent* en pleurant comme une Madeleine. Je me souviens de sa patience avec les plantes, une main verte héritée de ses parents. Nous sommes du pays de Rabelais, des grandes tablées entre copains : je me souviens de Véro en cuisine, de son gratin aux fraises qu'adoraient les enfants. Je me souviens de nos chamailleries au sujet de l'état de sa voiture, les mouchoirs usagés sous les sièges, la banquette arrière toujours encombrée d'un bazar inutile. Et de chaque désaccord, bien souvent futile, qui se terminait en rigolade. Véro désamorçait mes énervements. Son rôle modérateur fut toujours précieux. Quand on a voulu acheter cette maison en Charente-Maritime, le maçon avait discrètement émis des réserves. Avec mon petit vélo dans la tête, je fonçais quand même. Pas elle. Véro a discuté avec l'artisan jusqu'à ce qu'il nous déconseille formellement d'acheter cette baraque car elle était située en zone inondable. Le gars, pompier volontaire, avait déjà secouru à trois reprises les différents propriétaires en barque. Lors de l'acquisition de la maison de Souvigny, j'ai immédiatement flashé sur la première offre. Véro, qui ne pouvait m'accompagner tout de suite, a pu finalement se libérer, l'a trouvée à son goût mais refusait de signer le compromis sous prétexte que nous devions en visiter d'autres. Elle veut toujours border les choses, ne pas prendre de risques. Elle me tempère, freine mes élans, prend du recul sans pour autant jouer les gendarmes. Je me souviens d'avoir acheté une moto sur un coup de cœur sans qu'elle y trouve à redire. Au sein d'autres couples, cela aurait peut-être provoqué une dispute.

Je l'ai initiée à la mécanique au point qu'elle sait démonter et remonter un moteur dans la bonne humeur. Je me souviens de notre premier périple à moto. La chaîne de distribution a cassé la veille du départ en vacances et nous avons dû entièrement refaire le moteur avec les moyens du bord. Le tout s'est déroulé dans une franche gaieté et les mains dans le cambouis, alors que certaines en auraient fait tout un plat. S'en est suivi une virée mémorable de cinq cents kilomètres sous la pluie, avec des sacs-poubelles en guise de combinaison et Véro, à l'arrivée, retirant son casque avec un sourire radieux.

Même les trucs qui m'agaçaient chez elle me manquent. Entre nous, il y avait la tendresse, la complicité de copains, des moments simples sur le canapé, dans la piscine. Lors d'une soirée où un sujet de controverse enflamme les discussions, il suffit d'un regard pour que nous nous comprenions.

*
* *

Évidemment, il y a eu des zones d'ombre, des périodes où Véro me semblait plus lointaine, mais c'était épisodique, je le répète. Et bien sûr, il y a eu cette ignorance, de ma part, de la gravité des choses. On s'est souvent étonné, par exemple, que je ne me sois pas posé de questions sur la grave infection qui s'est soldée par une hystérectomie. Pourtant, dès le départ je me suis inquiété de ses maux de ventre. C'était début décembre 2003, elle devait donner un cours de français à notre prof de coréen et m'a fait l'annuler : « J'ai mal au ventre, je ne peux pas. » Les jours suivants, ça empire, je lui dis d'aller consulter un médecin, elle laisse traîner… Finalement elle voit le médecin, mais son traitement ne la soulage pas. Et puis un soir, elle n'a pas voulu que j'entre dans la salle de bains : « J'ai une gastro. » J'ai obtempéré mais je lui ai dit : « Demain, que tu le veuilles ou non, je t'emmène à l'hosto. »

Le lendemain, je me réveille, elle ne bougeait plus, marmonnait des trucs bizarres ; j'ai appelé Choï pour qu'il demande une ambulance. Entre-temps, j'avais porté Véro, je l'avais douchée, pour qu'elle soit présentable…

À l'hôpital, les médecins m'ont bombardé de questions – depuis combien de temps on n'avait pas fait l'amour, s'il y avait eu sodomie, etc. –, justifiant leurs demandes par le fait qu'une bactérie s'était développée dans le ventre de ma femme. Ils m'ont aussi demandé si elle avait accouché récemment et j'ai répondu par la négative. Eux ont tout de suite vu qu'elle avait accouché, mais ils n'ont rien dit : ils ont pensé à un éventuel adultère et n'ont pas voulu compliquer les choses.

Et je n'ai rien vu d'autre là-dedans que ce que les médecins ont bien voulu me dire. Est-ce si surprenant ? Et quand, à la suite de l'hystérectomie, Véro a repris goût à la vie, j'ai pensé qu'avoir vu la mort de près l'incitait à savourer l'existence.

Enfin, comble de la niaiserie pour certains, après les aveux, quand j'ai découvert la face cachée de l'histoire mais aussi la détresse absolue dans le regard de Véro, mon premier réflexe n'a pas été la répudiation mais un élan de compassion. Et ce n'est pas de la niaiserie ! Pour répudier une personne, il faut déjà être en mesure de faire une croix sur les sentiments qu'on a pour elle. Il faut aussi l'expliquer, cette répudiation, et l'assumer. Je me souviens de m'être interrogé sur ce qui n'allait pas chez elle et non de m'être dit « je vais me tirer parce qu'elle ne tourne pas rond ». Comment peut-on sortir de garde à vue, aller voir ses enfants et déclarer « Maman est folle, on va l'oublier » ?

Non, mon élan vers elle ne relevait pas de la naïveté d'un amoureux aveugle : il relevait de la compassion, d'une recherche d'explication vite empêchée par la Justice qui nous a immédiatement séparés.

Bien sûr, après sont arrivés, furtivement, certains instants de doute concernant ses sentiments. Surtout que les experts psys m'engageaient à réfléchir là-dessus : « Après tout ça, quels sont vos sentiments pour Véronique et, à votre avis, les siens pour vous ? » Dans ces cas-là, vous vous demandez pourquoi elle vous a menti à ce point-là – ne sachant pas encore qu'elle se mentait à elle-même. Vous vous demandez si vous êtes vraiment l'homme qui lui convenait, si elle ne vous a pas épousé « par défaut ». Et vous lui posez un jour la question.

La véhémence, la sincérité, l'ardeur qu'elle a mises à chasser de pareilles hypothèses m'ont bouleversé.

Et convaincu. Véro me rend heureux malgré ce tsunami de malheur. Au parloir, nous sommes capables d'enchaîner les pleurs après les rires et vice versa. Il se passe des choses tellement délirantes en prison qu'il vaut mieux parfois s'en amuser. Le public ne connaît de Véronique que son attitude angoissée au procès, ou terrorisée lors de la première conférence de presse. Mais, dans la vie, c'est une femme enjouée qui peut s'esclaffer devant une bévue ou tourner en dérision un événement, comme la visite de Michèle Alliot-Marie à la maison d'arrêt d'Orléans : les détenues avaient été soigneusement remisées dans leurs cellules, tout avait été briqué, les pelouses avaient été arrosées malgré les restrictions préfectorales, un établissement de rêve !

Vingt ans après notre rencontre, d'une façon différente bien sûr, je craque toujours pour cette jolie brune, douce, intelligente, sans chichis ni maquillage superflu, chaleureuse et toujours à l'écoute des autres. Je pense être l'ami, le mari, l'amant sur lequel elle pourra toujours compter. J'ai pris conscience de sa fragilité, de sa complexité. Jamais je n'avais soupçonné un tel désarroi psychologique et cette épreuve n'a fait que renforcer le lien qui nous unit.

Certains experts pensent que j'idéalise Véronique d'une façon puérile, comme si j'occultais la gravité des faits. Quelle erreur ! Du 23 juillet au 10 octobre 2006, alors que j'étais encore plongé dans l'ignorance, cette histoire me semblait ignoble, monstrueuse, impardonnable. Je partageais le jugement de la plupart des gens. Comment des psys peuvent-ils affirmer que je refuse de voir les actes de ma femme alors que j'ai eu mes bébés cyanosés entre les mains, morts étouffés ? Et comment peuvent-ils se montrer incapables d'admettre qu'en cas d'amour vrai, quand l'Autre se révèle en souffrance, face au doute, au désespoir et au dégoût de soi, on n'a qu'une envie : le réconforter, chercher à comprendre et l'aider ?

Comprendre... Avec le choix d'aimer, j'ai fait celui de chercher à comprendre. Je me suis rendu compte brutalement que je ne connaissais qu'une partie de la vie de ma femme après vingt ans d'existence commune. Je me suis demandé « Pourquoi ? » quand d'autres criaient « Quelle horreur ! ». J'ai dû prendre du recul face à l'innommable, face aux faits et à leurs conséquences. Peut-être n'ai-je pas pris assez de recul vis-à-vis de mes sentiments envers Véro ? Heureusement ! Sinon notre relation se serait effilochée. Nous nous serions séparés et les enfants se seraient retrouvés au milieu de ce désastre. Ils ont au contraire la chance d'avoir des parents qui veulent reconstruire une famille. Je sais pertinemment que la partie n'est pas gagnée, qu'il subsiste une grande part d'inconnu, mais aussi que les sentiments sont bien présents de part et d'autre, tout comme l'envie de reconstruire.

Certains pensent que je devrais trouver une autre compagne. C'est un point de vue. Pas le mien. Cette épreuve nous a rapprochés et, plus que jamais, nous avons besoin l'un de l'autre.

Pendant toute cette période d'incarcération, de parloir en parloir, on va chercher à mieux se connaître encore, plus profondément. Le professeur Nisand l'a compris : « Cette faille vous interpelle. Voilà pourquoi vous soutenez votre femme. Cette épreuve vous fait avancer. »

La durée limitée des visites rend nos échanges plus intenses, plus concentrés. Quarante-cinq minutes hebdomadaires, ce n'est *a priori* pas l'idéal pour les histoires d'amour. Nous nous racontons notre semaine, ponctuons notre conversation de silences afin de réfléchir à un problème, d'en résoudre un autre. Le champ de vision est réduit à la largeur du box, le passage régulier des gardiens qui nous observent induit une tension. On aimerait être plus tranquilles pour mieux se rapprocher, mais malgré la frustration je reviens de là requinqué. Le jour du parloir, je me fais beau, je me rase de près. Elle aussi se pomponne. Je lui apporte des petites douceurs, des bonbons, du chocolat, des tranches de saucisson dans du papier cellophane au fond de ma poche, des fraises Tagada, une rose… Nous cultivons l'espérance.

Malgré les conditions difficiles, ces quelques minutes de complicité au parloir sont des instants infiniment précieux. Pour en avoir été privés durant tout le début de la détention de Véronique, nous les apprécions d'autant plus.

Pendant quinze mois en effet, notre seul lien fut le courrier. Ses lettres, je les savourais. Nous savions qu'elles étaient lues, photocopiées et jointes au dossier d'instruction donc nous ne racontions pas des choses trop intimes. Quand j'ai commencé cette correspondance, j'ai numéroté les lettres. Ainsi, s'il manquait un numéro, Véro savait qu'un courrier avait été retenu. Tout au long de cette correspondance, j'ai essayé de la maintenir dans le questionnement et de lui dire que personne ne la laissait tomber, qu'on tiendrait.

Et puis, pendant l'instruction, la juge nous a octroyé dix minutes ou un quart d'heure après chaque audition pour se serrer, se toucher. Les gendarmes se montraient plus gênés que nous. S'il n'y avait pas eu ces petits moments... Nous ne parlions presque que des enfants.

Heureusement, après la condamnation il y a eu le téléphone. Qu'elle puisse m'appeler a été une immense et belle surprise. Je ne m'y attendais pas du tout. Ses coups de fil quotidiens rythmaient désormais ma journée. Je m'organisais en fonction des heures d'appel, en essayant de ne pas prévoir de réunion entre midi et 14 heures ni après 17 heures. Souvent, nous n'avions rien à nous dire parce qu'il ne se passait rien, mais le son de sa voix me rassurait. Aux silences succédaient les rires. Mais les mots ont leurs limites. Quand on a dit cent fois « je t'aime, tu me manques » dans la semaine, on a vraiment envie de passer à l'étape suivante. Nous rêvions d'une nouvelle histoire.

*
* *

Notre existence, « avant », était celle d'un couple normal, une existence dépourvue d'indices qui auraient pu laisser présager le drame que nous vivons. J'étais fier de nous, de notre vie enrichie de voyages, de sorties, d'amis. Ce n'est pas banal de passer quatre années en Corée. Il y a cinq ans, j'aurais dit que nous formions un couple épanoui, heureux d'être là où il en était. J'étais fier de cette femme que je prenais plaisir à écouter, à regarder. Les soirs de vacances à Chinon, sur la terrasse, je me sentais heureux auprès d'elle. Et le regard des autres confortait cette image de bonheur. Les témoignages et auditions devant la juge m'ont confirmé que Véro partageait ces sentiments de félicité sereine.

Et, quoi qu'on ait évoqué ou dit lors du procès, nous étions – aussi – un couple amoureux.

On a beaucoup épilogué, en particulier le procureur dans son réquisitoire, sur une déclaration de Véro en garde à vue déplorant son manque de plaisir en faisant l'amour. Et ça, j'avais du mal à l'accepter. Car il me restait des souvenirs, des images. Avait-elle joué la comédie pendant près de vingt ans ? Lorsque j'ai abordé le sujet au parloir, elle m'a expliqué s'être mal exprimée : elle voulait parler en réalité de ses propres difficultés à atteindre l'orgasme... Ce n'est pas tout à fait pareil. Et puis, oui, il y a eu entre nous, venant d'elle, quelques périodes d'abstinence. En 2003, par exemple. C'est la seule dont je me souvienne avec précision, parce que c'est la plus récente, qui a duré trois mois. Pourquoi ? Je n'en sais rien. Je laisse les autres louvoyer entre les grossesses et les postaccouchements. Pour ma part, si Véro n'avait pas envie d'aller plus loin qu'un gros câlin, je ne la forçais ni ne la harcelais de questions. J'attendais que l'orage passe, et il passait. À notre époque du sexe roi, on n'admet plus qu'une baisse temporaire de libido, chez un homme ou une femme, ne soit pas synonyme de désamour.

Mais bien sûr, cet acharnement à recenser nos ébats n'était pas anodin, dans le prétoire. Il s'agissait d'essayer d'établir un rapport entre une éventuelle mésentente du couple – dont j'aurais été la cause – et le refus d'enfant de Véro. Ou alors, si madame et monsieur Courjault faisaient l'amour à telle date, il a bien dû s'apercevoir qu'elle était enceinte et il est entré dans le jeu des infanticides.

Ce déballage intime était-il nécessaire ? Il fut en tout cas plus que déplaisant.

*
* *

Quoi qu'il en soit, en cette veille de procès, notre amour est aussi intense qu'aux premiers jours. Pourtant, personne ne peut dire combien de temps une relation aussi solide peut survivre à la prison, même si on a envie d'être là quand l'autre sortira. Dix ans… On ne sait pas ce qui peut arriver. Nous avons vécu pendant quatre ans un amour séparé, donc forcément différent. Je sais que plus rien ne sera comme avant, car l'histoire est passée par là. Mais ça ne signifie pas que je doive justifier mes sentiments au regard des actes de Véro. Mes sentiments n'ont pas changé, ils ont pris une dimension nouvelle. Quand un être cher dérape, on a tout naturellement envie de l'aider, pas de le juger. Et puis il y a Léo et Paul. Nous sommes toujours une famille et je ne peux pas la laisser tomber. Je veux écrire d'autres pages après avoir tourné celle-ci au côté de cette femme que je souhaite accompagner dans son difficile travail d'introspection. Dorénavant, je vais davantage écouter, faire attention au moindre détail, à chaque intonation. Je vais gratter sous l'apparence quand elle donnera des signes de faiblesse, jusqu'à ce qu'elle me parle, jusqu'à ce qu'elle s'ouvre enfin.

Au parloir, si elle entame une phrase et ne la termine pas, je m'inquiète aussitôt. « Mais non, ne t'affole pas », me dit-elle en souriant. Nous retombons toujours dans l'humour et la complicité. Si elle n'avait pas effectué ce long parcours avec son psy, j'aurais peut-être baissé les bras. Elle a été forte, elle reste fragile, mais elle a avancé. Ceux qui lui rendent visite le constatent autant que moi. Comme l'a dit au procès maître Nathalie Senyk, une autre de ses avocates : « C'est une belle personne libérée du fardeau qui la hantait. »

8

Une audience complètement à charge

Le non-lieu définitif prononcé en ma faveur le 23 janvier 2009 a apaisé Véronique. Elle m'a dit à quel point elle se sentait soulagée par cette décision. Enfin, cette épée de Damoclès, cette injustice ne pesait plus au-dessus de sa tête. Enfin, nous n'étions plus dans le même bateau, liés par une paire de menottes virtuelles. Elle se sentait tout à coup libre de se défendre. Quatre mois avant le procès, il était temps ! Je crois que ce non-lieu lui a également redonné confiance en la justice, une justice capable, tout compte fait, d'entendre ce qu'on lui disait, même s'il fallait le répéter en hurlant des dizaines de fois. Véro a aussi compris qu'au moment de l'audience, devant la cour d'assises, il lui faudrait s'expliquer, se livrer. Elle qui s'était toujours effacée, derrière ses frères et sœurs, derrière les livres, derrière moi, serait au centre, sous les regards des médias, mais surtout des jurés.

Alors elle a commencé à parler. D'abord, et avec l'aide de ses sœurs, à parler avec sa mère. Jusque-là, leurs conversations se limitaient à la pluie et au beau temps. J'ignore ce qu'elles se sont dit pour en arriver à tomber dans les bras l'une de l'autre. Pour la mère de Véro, issue d'un monde où l'on n'exprime pas l'affection, ce geste a constitué un pas de géant.

Véronique s'est également mise à parler, à réellement parler, avec ses deux avocates, maître Hélène Delhommais et maître Nathalie Senyk. Depuis un certain temps, au parloir, nous n'évoquions plus le dossier désormais entre les mains des avocats, pour nous concentrer sur l'avenir. Véronique était alors consciente que l'issue du procès reposait sur elle, sur son comportement, sur sa capacité à s'exprimer. Dans le box, elle n'a pas débité un discours préfabriqué mais, entre sanglots et longues hésitations, a tenté de comprendre et de faire comprendre. Depuis février, elle avait pu se concentrer sur elle. Ni mon avenir, ni celui des enfants ne dépendaient plus de ses déclarations. La veille du procès, je suis resté abasourdi par sa sérénité, son calme, sa combativité. Elle voulait rentrer dans l'arène. Enfin, le procès arrivait.

Deux semaines plus tôt, la Justice avait toutefois envoyé un signal inquiétant. Un des deux assesseurs prévus, magistrat connu pour son humanité, avait été remplacé par une conseillère de la cour d'appel d'Orléans réputée répressive. Un « observateur » de cette même cour d'appel se trouvait d'ailleurs au fond de la salle durant le procès. Pourquoi ? Aucune idée. Les familiers du palais de justice de Tours, où avaient déjà été jugées des affaires retentissantes, ne se souvenaient pas d'une pareille attention. Enfin, devant les journalistes, le procureur, monsieur Varin, a reconnu avoir expédié chaque soir un compte rendu d'audience au ministère… En haut lieu, et même en très haut lieu, on suivait donc les débats de près. Conséquence du battage médiatique ?

Le premier matin, à l'approche du palais de justice, j'ai craint que la détermination de Véronique ne disparaisse à la vue de la ruée des journalistes. J'ai monté les marches en compagnie de maître Morin au milieu d'une forêt de caméras et de micros. Jusqu'à ce que le président déclare l'audience ouverte, la meute ne m'a pas lâché d'une semelle, sans pour autant que cela me pèse. Pendant ce temps, au moins, ils ne filmaient pas Véronique qui, d'ailleurs, est entrée dans le box après leur départ de la salle.

Au cours de cette quinzaine, je ne me suis énervé qu'à deux reprises. Lors d'une suspension d'audience, un photographe m'a mitraillé pendant presque dix minutes. Qu'il fasse son boulot, soit, mais il devait avoir pris presque mille photos. Ça suffisait ! Je lui ai demandé d'arrêter et il n'a pas insisté. Lors d'une autre suspension d'audience, alors que je me rendais aux toilettes, un cameraman m'a suivi. Filmer Jean-Louis Courjault de dos dans le petit couloir menant aux W-C, quel scoop ! Comme je lui demandais s'il « voulait me la tenir », le gars s'est confondu en excuses. Ces types se posent-ils seulement la question de l'intérêt de leurs images ? J'imagine la tête du rédacteur en chef à qui le photographe a apporté mille fois la même vue de ma bobine… tout ça pour n'en choisir qu'une !

La présence de toute la famille aux premiers rangs a produit une forte impression sur les journalistes, d'autant que le plaisir de se retrouver, même en de telles circonstances, transparaissait. Le clan, rongé par le trac, par la peur de l'inconnu et par le cérémonial du procès, se montrait soudé derrière Véronique. Contre l'avis de maître Morin, j'avais prévu de suivre auparavant une session de cour d'assises et puis, faute de temps, j'y avais renoncé. Je n'avais donc aucun point de comparaison, mais toute cette mise en scène, jabots de dentelle, théâtralité des attitudes et des propos, ne m'a pas impressionné. Les magistrats non plus. La Justice me fait peur mais elle ne m'impressionne pas.

Sur le plan matériel, le procès avait été bien organisé. Pendant les interruptions de séance, Véronique bénéficiait d'une petite pièce meublée d'un lit de camp pour se reposer et se restaurer. C'était tout de même mieux que la souricière. Lorsque je l'y rejoignais, les gendarmes se montraient discrets, respectant notre besoin d'intimité.

*
* *

Les photographes et cameramen évacués, Véronique est apparue dans le box vitré, a discrètement salué la famille et les amis avant de s'asseoir exactement en face de moi. En un regard, nous nous sommes mis en phase. Tendue, livide, se tordant les doigts, se mangeant les lèvres, elle semblait à mille lieues de la battante de la veille. Lorsque je l'ai rejointe à la première suspension de séance, elle avait retrouvé un visage serein. Durant les audiences elle a conservé ce teint pâle, ces tics d'anxiété, alors que dans la pièce où je la rejoignais parfois elle semblait se détendre.

Le jury constitué, le président Domergue, ancien directeur de cabinet de Nicole Guedj, secrétaire d'État aux Droits des victimes dans le dernier gouvernement Chirac, a donné le ton sur lequel il entendait mener les débats : Véronique était une fainéante, une mauvaise ménagère qui s'était débarrassée de ses bébés par facilité. Il a souligné qu'elle ne travaillait pas, faisait parfois appel à une nounou et qu'enfant, déjà, elle s'isolait du monde pour lire. Oui, Véronique lisait ! Des romans. On l'a répété je ne sais combien de fois au cours du procès, comme si c'était un indice à charge. Comme si une femme qui lisait, qui plus est des romans, était forcément une dégénérée. On se serait cru revenu deux siècles en arrière !

La logique du président tenait en une phrase : une bonne mère ne tue pas trois bébés. Selon lui, ma femme était une épouse oisive vivant aux crochets de son mari. Afin d'appuyer son propos, des photos prises par les policiers coréens lors de leurs premières constatations ont été projetées sur les écrans. Que voyait-on ? Des lits défaits, puis ce qu'il a présenté comme un frigo, marbré de taches noirâtres.

Outré par ce procédé grotesque, je lui ai indiqué que les traces noires, sur le congélateur et non sur le frigo, provenaient de la poudre badigeonnée par les enquêteurs afin de relever des empreintes. Véro, quant à elle, a immédiatement fourni l'explication au désordre des chambres : toute la semaine avant notre départ de Séoul, nous avions hébergé un couple d'amis et leurs trois enfants. Ils n'étaient partis que la veille au soir de notre vol et Véro n'avait pas eu le temps de faire le ménage avant que nous filions à l'aéroport.

La fermeté de sa réponse m'a encouragé : elle était déterminée à ne rien laisser passer.

À la barre, le commandant Béjeau fut le premier à apporter de l'eau au moulin du président. Vis-à-vis de moi, il a été correct, réaffirmant avoir eu la certitude que j'étais innocent dès la fin de la garde à vue. En revanche, il s'est montré beaucoup plus incisif envers Véronique. Le débat public sur le déni de grossesse qui occupait les médias depuis des semaines n'avait guère atténué son sentiment. Les accouchements clandestins n'étaient à ses yeux qu'un mode de contraception artisanal, ainsi qu'il me l'avait affirmé durant la garde à vue.

– Madame Courjault nous a expliqué qu'elle ne voulait pas de ces enfants alors que son mari souhaitait en avoir plusieurs autres. Elle nous a toujours dit que dès qu'elle s'était sue enceinte, elle avait prévu de tuer les bébés. Madame Courjault était une excellente mère de famille, mais le statut de femme au foyer n'était pas celui qu'elle souhaitait avoir.

Au commandant Béjeau a succédé le commandant Sammartino, qui avait procédé à l'audition de Véronique lors de sa garde à vue. Mal à l'aise pour déposer, il a préféré se contenter de répondre aux questions du président. Et ses réponses sont tombées comme autant de blocs de béton.

D'après lui, dans un premier temps, la stratégie de Véronique a été de nier. Chaque fois qu'on lui présentait une évidence scientifique, elle répondait ne pas savoir, ce qui bloquait l'interrogatoire. Elle a reconnu, à l'issue des aveux, avoir pris la décision ferme et définitive de tuer les nouveau-nés dès qu'elle s'était sue enceinte en expliquant avoir étranglé les bébés d'une main. Il n'existait pas d'autre issue que de passer à l'acte puisqu'elle avait décidé de cacher les grossesses à son mari. Même si elle a pleuré à un moment, elle a toujours gardé une certaine distance par rapport aux actes sans exprimer de remords.

Le commandant Sammartino insista :

– Elle a reconnu sur procès-verbal : « Puisque ces enfants étaient de moi, je m'accordais tous les droits sur eux, même le droit extrême de leur donner la mort. »

L'institution judiciaire considérant toujours les premiers aveux comme les plus crédibles, les dépositions des deux policiers possédaient un caractère accablant. Ces aveux avaient été recueillis au moment même où Véro réalisait enfin l'abomination de ses actes. Jusqu'à ce moment-là, ce n'étaient pas des bébés, ce n'était pas un accouchement, ce n'était pas elle. Mais elle venait tout de même de se déclarer coupable. C'est donc qu'elle éprouvait malgré tout de la honte et se plaçait, du moins d'un point de vue extérieur, dans la position de quelqu'un qui comprenait la gravité de ses gestes. Très normalement, les policiers lui ont tendu les perches d'une explication apparemment logique, puisqu'ils n'avaient pas conscience du problème psychologique dont elle souffrait. Et ces perches, elle les avait saisies. Véronique s'était chargée, quitte à abonder dans le sens des incohérences. Comme l'instruction a été par la suite grandement basée sur ces premiers aveux, le crime comme moyen de contraception est devenu presque une évidence.

Heureusement, deux heures après ces premières dépositions à charge, le professeur Lecomte, appelé à la barre, a indirectement confirmé l'état de confusion mentale de Véronique au moment des accouchements et des aveux devant la PJ :

– Sans discussion possible, les autopsies démontrent que les bébés ont été étouffés et non étranglés.

Cette constatation scientifique ne changeait pas le résultat mais entamait sérieusement la valeur des « aveux ».

Ma rogne contre le président est montée crescendo tout au long de la journée. Il empêchait Véronique de s'exprimer en dépit des demandes de maître Henri Leclerc – l'avocat principal de Véro –, pour qu'il laisse à sa cliente le temps de trouver ses mots. Le président semblait la considérer comme une criminelle classique. Or malgré le travail effectué avec les psys, Véro ne possédait pas toutes les réponses aux questions qu'on lui posait. Donc elle hésitait, cherchait ses mots. Et souvent lorsqu'elle commençait une phrase, le président l'interrompait. Si un blanc se prolongeait quelques secondes, il enchaînait avec une autre question. Dans le box, Véro a tout de même tenté de s'expliquer :

– J'ai été consciente de ma grossesse au début, puis elle a été comme oubliée. Elle n'était pas réelle.

– Véronique Courjault, si vous voulez qu'on vous croie, il faut une logique dans vos propos, l'a-t-il coupée sèchement.

Mais c'est tellement facile pour un homme de mettre en doute la parole d'une femme sur ce sujet… Qu'est-ce qu'il savait, le président, du rapport entre une femme et son corps ? Surtout pour Véro… Qu'est-ce qu'il savait de la maternité et de ses difficultés ? Un dialogue de sourds typique de l'attitude de la Justice face au déni de grossesse. Dans un de ses livres, Sophie Marinopoulos a retranscrit le même genre de dialogue lors d'un autre procès. Le président exigeait là aussi une logique pour établir une vérité. Il opposait une réaction cartésienne à une faille humaine qui relevait de la psychiatrie. Il attendait une explication comme pour un braquage de banque. Or si les gestes de Véronique avaient découlé d'une logique, il n'y aurait eu qu'un accouchement clandestin. Après une épreuve si douloureuse, n'importe quelle personne au comportement rationnel aurait tout mis en œuvre pour ne jamais avoir à revivre ça. Véro, non.

Assis face à ma femme, je voulais surtout qu'elle ne renonce pas devant la difficulté à mettre des mots sur les faits, sur son ressenti. Je l'imaginais très bien baisser les bras, s'effondrer, répondre « oui, oui, oui » pour avoir la paix, et qu'importaient les années de prison… J'essayais de l'encourager juste par le regard. Durant toute la durée du procès, maître Leick, avocat de l'association L'Enfant bleu qui s'était portée partie civile, n'a pas cessé de s'agiter derrière moi. Il brassait des papiers, téléphonait en chuchotant et puis, sous prétexte qu'il souffrait du dos, il se levait pour passer devant moi. Chaque fois, je devais donc caser tant bien que mal mes grandes jambes sous le banc. À croire qu'il tentait de casser le lien visuel entre Véronique et moi.

En dépit de la stratégie d'usure du président, Véronique est parvenue à s'exprimer.

– Ce n'est pas que je ne voulais pas annoncer ces grossesses à Jean-Louis, mais je ne pouvais pas dire que j'étais enceinte. Je n'en étais pas tellement consciente moi-même. Il s'agissait pour moi d'un état inconnu.

Pour annoncer quelque chose à quelqu'un, il faut être au courant. Véronique, elle l'a dit, avait été consciente, au début, de ses états de grossesse, puis les avait oubliés, comme s'ils avaient été irréels. Elle expliqua qu'elle avait nié ces états : après une sorte de flash de conscience, l'information avait été complètement effacée par son cerveau. Et puis elle parla de moi, de mon souhait d'avoir une famille nombreuse, tout en soulignant que je n'étais pas le genre de mari à imposer ses envies et que là n'était pas le problème. Je m'étais plusieurs fois posé la question. C'est vrai, et je l'ai dit, que j'aurais aimé avoir une famille nombreuse. Est-ce que ce désir, à mon insu, aurait exercé une pression inconsciente sur Véronique ? L'entendre affirmer le contraire me soulagea d'un immense poids. La vérité était que Véro ignorait les raisons profondes de son geste.

– La découverte de ces bébés que j'ai tués a été un choc terrible pour moi, reprit-elle. Je me suis trouvée face à une réalité que j'avais occultée.

Le troisième jour, les échanges entre Véronique et le président sont devenus plus musclés. Elle n'a rien cédé. Je me permets de retranscrire approximativement leur dialogue pour montrer à quel point aucun résultat ne pouvait en ressortir, puisque chacun raisonnait sur un terrain complètement différent de celui de l'autre.

– Avez-vous tué les bébés parce que vous n'en vouliez pas ? C'est une question claire, précise, que je dois vous poser, martela le président.

– Non, répondit Véro sans se démonter.

– Mais vous avez dit le contraire durant l'instruction !

– Non, je n'ai pas tué ces bébés parce que je n'en voulais pas. J'ai parlé de cette façon lors de l'instruction parce que, à ce moment-là, j'étais persuadée que j'étais un monstre.

– Pourquoi ne vous sentiez-vous pas capable d'avoir d'autres enfants ? Vous avez dit vous être trouvée dépassée par l'arrivée de vos deux fils...

– Oui, je l'ai dit, confirma ma femme, mais aujourd'hui, je me rends compte que ce n'était pas la bonne explication.

À ce moment-là, le président m'a appelé à la barre afin d'évoquer à nouveau mon désir d'une famille nombreuse, puis il a embrayé sur les milieux socio-économiques difficiles dans lesquels se commettent habituellement les infanticides.

– Arrêtez de chercher une justification, lui ai-je demandé. Essayez plutôt de comprendre un cheminement, ne vous raccrochez pas à des éléments cartésiens.

Il m'a répondu qu'il cherchait « la réalité ». Oui, « la réalité ». Pas la vérité, la réalité. C'est-à-dire deux bébés morts dans le congélateur d'une femme qui, à un moment, avait dit refuser une famille nombreuse. Et pour appuyer son propos, il a repris les déclarations de Véronique en garde à vue :

– Vous avez affirmé avoir eu dès le départ l'intention de tuer les bébés.

– Je ne peux pas croire avoir eu un moment cette idée, se défendit-elle.

– Il est normal de faire le lien entre le refus d'enfant et des infanticides, insista le président. Pourquoi avoir pris puis arrêté la pilule ?

– À un moment, j'ai dû oublier de la prendre ou de continuer à la prendre, répondit Véronique. Ça peut paraître absurde, mais c'était comme si je ne pouvais pas tomber enceinte, comme si la maternité ne pouvait pas m'arriver. Rien à voir avec une décision volontaire ou une nécessité médicale. J'ai dû prendre la pilule jusqu'à la fin de la prescription, puis je ne suis pas retournée chez le médecin.

– Étiez-vous réticente à prendre un contraceptif ?

– Je pensais qu'une contraception n'était pas nécessaire pour quelque chose qui ne pouvait pas m'arriver.

– N'était-ce pas une façon d'éviter le problème ?

– Ce n'était pas l'éviter puisque je n'en avais pas conscience.

– Les études de personnalité ont montré vos difficultés à affronter le moindre problème, comme par exemple envoyer des feuilles de maladie.

Je n'en croyais pas mes oreilles ! Si une simple réticence pour la paperasse administrative vous transformait en criminel, il y aurait soixante millions de Français en prison ! Heureusement, Véronique lui répondit du tac au tac, faisant sourire la salle :

– Je pense que le problème était un peu plus profond que ça.

– Alors pourquoi ne pas avoir avorté ? Vous ne pouviez ignorer que l'avortement est légal depuis 1975.

– Pour avorter, il faut être enceinte. À aucun moment je ne me suis posé la question de l'avortement. Je ne pense pas que les infanticides constituaient un choix.

Plus tard, le président a voulu disséquer les propos que Véronique avait tenus pendant la garde à vue, concernant notre vie intime et notamment les périodes où nous ne faisions pas l'amour.

Véro, la voix tremblante, a regretté d'avoir fait ces déclarations qui avaient contribué à mettre en doute la bonne entente de notre couple.

– N'essayez pas de noyer le poisson, s'est énervé le président. Répondez à nos interrogations sur votre vie intime. Ne pas faire l'amour, n'était-ce pas une façon de dissimuler vos grossesses ?

– Pour révéler des grossesses, il faut en être consciente, rétorqua-t-elle. Ces grossesses, je ne les ai pas dissimulées à Jean-Louis puisqu'elles n'étaient pas révélées à moi-même. Ce dont on parle ici, c'est ce qui s'est passé pendant l'instruction, c'est ce qui s'est passé pendant ma garde à vue, ce que j'ai dit. Cela ne correspond pas à ce que j'ai vraiment vécu.

– Il faut être un peu sérieux. Les interrogatoires se sont déroulés à des mois d'intervalle, en présence de votre avocate. Vous n'étiez pas acculée, la coupa le président.

Maître Leclerc est alors intervenu pour demander qu'on permette à sa cliente, en larmes, de s'exprimer.

Mais le président était sans pitié.

– Ne pleurez pas.

– Je ne pleure pas, je suis en colère. Des choses ont évolué !

À aucun moment il ne lui a laissé le temps de développer son raisonnement, d'expliquer ses sensations. Elle devait répondre aux questions, point barre.

De toute façon, toutes les déclarations de Véronique se retournaient contre elle. Même chose pour les différents témoignages. Plusieurs indiquaient qu'en Corée elle n'avait pas le comportement d'une femme enceinte, qu'elle se rendait à l'école en marchant d'un bon pas sur une pente raide, qu'elle pratiquait le yoga en justaucorps. Cela voulait peut-être dire qu'elle n'avait pas conscience d'être enceinte, mais plus sûrement, selon le président, qu'elle se livrait à toutes ces extravagances dans le but de dissimuler sa grossesse !

Dans la foulée ou presque, le président a prononcé pour la première fois l'expression « déni de grossesse ». Pour indiquer que la question serait posée aux experts. Mais, reprenant alors les premières déclarations de Véronique en 2006, il lui fit remarquer qu'elle changeait de ligne de défense, que ce n'était pas ce qu'elle avait dit et signé en présence de son avocate durant l'instruction. Il déplora qu'elle n'eût pas, au procès, la même approche sincère que celle dont les explications qu'elle avait fournies au cours de l'instruction témoignaient, selon lui.

*
* *

La façon de mener ces débats a au moins eu l'avantage d'entraîner un brutal basculement des médias jusqu'alors assez neutres. Trois chroniqueurs judiciaires chevronnés ont ainsi donné le ton.

Pour Christian Bindner, sur France Inter, on assistait à « une audience complètement à charge, au point de rendre le procureur inexistant. Le président veut la juger d'une façon logique et rationnelle, comme un braqueur, alors qu'il s'agit d'une femme ayant accompli des gestes incompréhensibles. Le président est là pour faire condamner une tueuse en série alors que les faits semblent plus subtils. Plus compliqués. Intelligente, Véronique Courjault a commis des actes absurdes et il faudrait les juger rationnellement... »

Sur France 2, Dominique Verdeilhan évoqua « la brutalité des interrogatoires qui bloque l'accusée. On aurait pu attendre que le président la mette en confiance. Lorsqu'elle se libère, il s'agit souvent de réponses aux questions du procureur. En vingt ans, j'ai rarement entendu un président affirmer à de nombreuses reprises qu'il menait les débats à sa guise. Véronique Courjault se trouve face à un président psychorigide. »

Quant à Stéphane Durand-Souffland, journaliste au *Figaro* et président de l'Association de la presse judiciaire, il se déclara « très surpris par cette volonté obsessionnelle de trouver du rationnel dans un dossier irrationnel. Le président donne l'impression, vraie ou pas, de ne pas croire aux explications de Véronique Courjault. Il la considère comme une criminelle lambda. C'est bizarre et même gênant au bout d'un moment. On a le sentiment d'une audience complètement à charge, même si les débats sont menés d'une façon très habile et très ferme. »

Le changement de ton des médias nous a rassurés. Enfin nous n'étions plus seuls à penser que

Véronique souffrait d'un mal obscur. Pour ma part, durant ces deux semaines, je lisais seulement *Le Figaro* car les articles de Stéphane Durand-Souffland donnaient la bonne température. D'ailleurs, j'avais pressenti le changement de ton des médias lorsque celui-ci avait écrit que « s'il était climatologue, le président n'étudierait que la partie émergée des icebergs ». Enfin, les vraies questions atteignaient la presse. Bien sûr, ce n'était pas toujours agréable de voir son intimité étalée chez tous les marchands de journaux, mais après le lynchage médiatique de 2006 nous étions vaccinés. L'enjeu dépassait la préservation de notre intimité.

Curieusement, lorsque je leur téléphonais en milieu de journée, les enfants – qui ne sont pas allés à l'école durant le procès pour ne pas être importunés quotidiennement par des commentaires qui auraient fusé de toute part – me posaient très peu de questions. En fait, ils me l'ont avoué par la suite, leur cousin Julien, un peu plus âgé, suivait le procès sur le site de *La Nouvelle République* où deux journalistes retranscrivaient les moments importants. Ils étaient donc informés en direct à la maison !

Quelques mois plus tard, j'ai appris que le président de la cour d'assises ne saluait plus le journaliste de *La Nouvelle République* qui avait relayé dans les colonnes du journal le sentiment de ses confrères.

*
* *

Et pourtant, les experts sont venus à la rescousse du président. Les psychiatres Jean-Michel Masson et Fanny Puel-Métivier, dont les rapports au juge d'instruction avaient accablé Véronique, sont restés dans le même registre, bien qu'à la barre le docteur Masson se soit montré beaucoup moins péremptoire que sa consœur :

– Madame Courjault, commença-t-il, est une femme terne à la vie conjugale sans relief, sans grand plaisir dans les relations intimes. À son sujet, nous ne pouvons pas parler de déni de grossesse au sens strict mais de *mensonge* de grossesse. Je n'ai pas perçu de véritable émotion chez elle. Les enfants dont elle a accouché clandestinement ne sont pas vécus comme des êtres humains. Cette indifférence, que les auteurs anciens appellent la belle indifférence des hystériques, nous a surpris. Il faut se souvenir de son attitude cynique lors de la conférence de presse de l'été 2006. Il faut se méfier des apparences. Cette femme possède une sorte de culture du secret qui lui permet de dominer ses émotions. Il n'y a pas eu abolition du discernement ni du contrôle des actes.

Le docteur Masson a cherché à adoucir les termes de son rapport et je m'y attendais un peu. Quelques semaines avant le procès, il avait tenté d'en justifier la dureté devant un avocat mais sans beaucoup de conviction. Il n'empêche que son avis se révélait quand même désastreux pour Véronique. Détail amusant, pendant le procès, les parents de Véronique l'ont reconnu comme étant un de leurs anciens clients. Vingt ans auparavant, il venait en famille acheter du vin chez eux !

Dans la foulée, sa consœur a attaqué très fort.

– Il n'y a pas de déni, ni total ni partiel. Il s'agit plutôt d'une incapacité à regarder la vérité en face. Une sorte de clivage. Pour moi, je le répète, il ne s'agit pas d'un déni puisqu'elle a reconnu avoir eu conscience des grossesses. Moi, je trouve curieux qu'on évoque le déni de grossesse au bout de deux ans. Madame Courjault est d'accord avec moi !

Lors de la troisième expertise, le docteur Puel-Métivier avait pourtant donné à Véro l'impression de mettre de l'eau dans son vin. Mais à la barre, plantée sur ses talons aiguilles, la jeune psychiatre, beaucoup moins expérimentée que son confrère en fin de carrière, l'a démolie à coups de « moi, je » et avec son consentement ! Grotesque. Où était-elle allée chercher ça ? Mystère et boule de gomme. *Le Figaro* l'a d'ailleurs qualifiée d'« expert extraordinaire faisant faire le diagnostic par le patient ». Habilement, maître Leclerc s'est borné à souligner « l'humilité » du docteur Masson…

Le temps d'avaler un sandwich en compagnie des membres de la famille, et le docteur Bensussan, l'un des contre-experts psychiatres désignés en octobre 2007 par la juge, une sommité pour le monde judiciaire, s'est à son tour présenté à la barre. Environ un mois et demi avant l'ouverture du procès, il avait revu Véronique à la prison d'Orléans et produit un dernier rapport dévastateur. Sous sa plume, la récente prise de conscience de Véronique était devenue une stratégie de défense dictée par ses avocats. Devant la cour, d'emblée, il a ironisé sur « tous ces experts qui, sans l'ombre d'un doute, ont conclu au déni de grossesse sans avoir vu madame Courjault ». Après avoir ainsi tapé à tour de bras sur les spécialistes cités par la défense, Israël Nisand, Sophie Marinopoulos et François Charnier, il s'est finalement montré assez circonspect, et surtout n'a pas repris oralement sa thèse de la stratégie de défense. Bien au contraire. Disons qu'il a modulé. Je ne pense pas trahir sa pensée en résumant ainsi sa longue déposition entrecoupée de questions du président, du procureur, des parties civiles et de la défense :

– Véronique Courjault n'a pas fait un déni de grossesse mais un déni de réalité. Je refuse la thèse du déni total sans rejeter complètement le déni partiel. Elle a dissimulé ses grossesses plus qu'elle les a niées car elle ne voit pas la réalité exactement comme nous. Avec ses mécanismes de défense complètement archaïques, sa responsabilité pénale n'est pas pleine et entière. Elle a vécu dans une fausse réalité grâce à la cécité de son conjoint, mais celui-ci se heurte parfois à un mur et comprend qu'il ne faut pas insister. Je crois à sa sincérité lorsque Véronique Courjault affirme que lors des grossesses infanticides il ne s'agissait pas, pour elle, de bébés.

Ces quelques phrases demeurent gravées dans ma mémoire car nous nous attendions à ce qu'il se montre beaucoup plus sévère. Il a cependant évoqué « un manque de sincérité, voire les mensonges de Véronique ». Pour atténuer sa responsabilité ? Saisissant au bond l'allusion, maître Leclerc s'est aussitôt levé, affirmant que « jamais un avocat ne conseillerait à son client de manquer de sincérité ».

À l'issue de cette audience, le soulagement prévalait... Cela ne dura pas. Le lendemain, *La Nouvelle République* titrait en une : « La thèse du déni de grossesse mise à mal ». À l'intérieur, on pouvait lire que « cette thèse a été entièrement mise en pièces par les rapports des experts psychiatres qui, eux, ont rencontré Véronique Courjault ».

Or le matin, lire le quotidien local constitue le premier souci des jurés, jamais hermétiques aux médias. Voilà qui n'augurait rien de bon.

9

Coups de théâtre

Durant toute la durée du procès, lors des transferts quotidiens entre Orléans et Tours, Véronique était accompagnée par trois gendarmes : deux hommes, toujours les mêmes, et une femme, différente chaque fois. L'administration craignait peut-être qu'une relation de sympathie se noue entre deux femmes. Et l'inverse s'est produit. Les deux gars, beaux gosses, jeunes, genre maîtres nageurs, ont été adorables avec Véro, essayant toujours de la calmer ou de l'encourager. À midi, ils lui racontaient des blagues, l'incitaient à parler. L'un d'eux lui a même confié : « Moi, comme juré, je ne vous infligerais pas une peine sévère… » Le soir du verdict, alors que quelques femmes massées près de la souricière manifestaient leur colère devant une sanction jugée trop clémente, ils l'ont entièrement dissimulée sous une couverture. Et ils m'ont conseillé de ne pas me présenter à la souricière pour dire au revoir à Véronique. Ces deux types ont été extra. La compassion dont ils faisaient preuve a aidé Véronique à ne pas craquer, alors qu'elle était confrontée à un président et des experts qui ne l'ont pas ménagée.

Tous les experts ne furent cependant pas unanimes. Et à la barre, la déposition de monsieur Fulbert Jadech, commis par la juge et qui avait effectué la première expertise psychologique en compagnie de madame Simone Lamiraud-Laudinet, créa un choc. En résumé, voici ce qui ressortait de son exposé :

– Madame Courjault est une personne intelligente ne présentant pas de pathologie mentale avérée, même si nous nous sommes posé la question d'une possible pathologie au niveau d'une dissociation. Elle n'est pas agitée, instable, psychopathe… Sans pathologie mentale, elle a réalisé ce qui lui est reproché. On pourrait presque refermer le dossier. Deuxième approche, qu'est-ce qui a pu la conduire à commettre ces faits ? Madame Courjault apparaît comme évoluant dans une certaine forme d'inaffectivité, d'indécision, comme fuyant la réalité. La réalité n'est pas vécue de façon affective, elle est comme là et pas là, impliquée et pas impliquée dans sa propre histoire. Il s'agit de quelqu'un qui a tendance à tenir à distance, à fuir, à mettre de côté les impacts affectifs, à se fuir elle-même. Madame Courjault va donc définitivement réagir, en certaines circonstances, comme si la réalité qui la dérangeait était susceptible d'être constamment différée. C'est fondamental dans son esprit. Ce qui la dérange, elle le diffère en permanence. Au vu de ce qui lui est reproché, Madame Courjault possède-t-elle une structure perverse ? J'écarte tout à fait une notion de structure perverse qui serait d'éprouver une jouissance au spectacle de la souffrance de l'autre ou d'éprouver une satisfaction en abordant la notion de préjudice porté à l'autre. Madame Lamiraud-Laudinet a évoqué deux choses qui me semblent intéressantes : le rite d'annulation et la dénégation. Le rite d'annulation est un mécanisme primaire que l'on retrouve chez monsieur Tout-le-monde, notamment chez les enfants et les adolescents : tu viens de casser le vase donc tu vas être réprimandé, alors tu nies : « Non, non, ce n'est pas moi. » Une réaction simpliste, élémentaire et rudimentaire, mais qui illustre bien un mécanisme de protection sur la base de quelque chose ne correspondant pas véritablement à la réalité. Ma collègue a parlé de dénégation et, à ce niveau, il existe entre elle et moi une légère divergence. Madame Lamiraud-Laudinet parle de dénégation et moi, de déni. Il est vrai que madame Courjault se savait enceinte. Elle savait et elle ne savait pas. Elle nous dit qu'elle oubliait, qu'elle chassait cette idée. Elle est sincère. Par ailleurs, dans la plupart des cas d'infanticide nous sommes face à un seul infanticide et on parle souvent de déni. Certaines femmes accouchent par surprise, qui n'avaient pas envisagé que cela puisse se réaliser, mais la plupart d'entre elles s'interrogent : « Suis-je enceinte ou ne le suis-je pas ? J'ai peur. » Déjà l'idée chemine, trottine. La grossesse pourrait être envisageable. Voilà une constante dans un grand nombre des cas que l'on peut étudier. C'est pourquoi, en ce qui me concerne, j'opterai pour une approche plus élargie que ma collègue de la notion de déni. Je mettrai madame Courjault dans une démarche de déni, quoique les remarques qu'exprime madame Lamiraud soient justes. De fait, il est vrai que madame Courjault oscille tout le temps, en permanence, dans l'ambivalence : je sais, je ne sais pas, je refuse, j'annule, ça n'existe pas. On retrouve donc un état de névrose, d'angoisse, d'affirmation de soi, un état dans lequel je vis ou je ne vis pas, je suis là et je ne suis pas là…

Dans cette enceinte de justice et pour la première fois, un expert psychologue a courageusement prononcé un mot devenu presque sacrilège,

« déni », en faveur de Véronique. Alors qu'il ne figurait pas dans le rapport cosigné avec madame Lamiraud-Laudinet. Il a reconnu l'existence d'une divergence avec l'analyse de sa consœur et a ainsi ouvert une première brèche dans le raisonnement judiciaire selon lequel il n'existait qu'un déni de grossesse : le déni total. À la barre, à côté de lui, madame Lamiraud-Laudinet s'est désolidarisée de cette affirmation en jouant sur l'ambiguïté des termes, préférant se référer à une « dénégation de grossesse » :

– Madame Courjault sait mais elle refuse. Lorsqu'il y a déni, il n'y a pas conscience d'être enceinte.

Mais monsieur Jadech, en écartant « toute notion de structure perverse », a aussi tordu le cou à la première hypothèse émise par le procureur devant les journalistes le soir de nos mises en examen. Le procureur avait évoqué « le sentiment de toute-puissance » que Véro aurait eu sur les bébés.

*
* *

Le déni de grossesse, le professeur Israël Nisand en est un des plus grands spécialistes français. Cité à la barre par les avocats de Véronique, il a fait, d'une voix chaude et passionnée, un brillant exposé tiré de son expérience d'homme de terrain. Les exemples dont il a illustré son propos ont souvent suscité un regard interloqué chez les jurés.

– Depuis plus de trente ans, je m'intéresse à cette pathologie car il s'agit d'une pathologie grave, mal connue du corps médical et du grand public. Même les médecins ont tendance à l'incrédulité face au déni de grossesse… La première fois, j'étais chef de clinique. On m'a appelé en salle de radiologie où une jeune femme accouchait. En sixième année de médecine, elle se trouvait en stage depuis quatre mois auprès d'un chirurgien et pensait avoir une tumeur. Mon collègue, qui l'avait mise sur la table, s'apprêtait à l'opérer, mais il a fallu… l'accoucher.

» Je ne connaissais pas le déni de grossesse à l'époque. Cette jeune fille m'a dit avoir eu un rapport avec un homme rencontré dans une boîte de nuit, acte qui la perturbait, compte tenu de son éducation. »

Et le professeur Nisand de poursuivre ses explications :

– J'ai rencontré des dénis graves et d'autres un peu moins graves. C'est une pathologie puisqu'il y a un déni sur cinq cents grossesses, d'après un chercheur autrichien. À Strasbourg, j'en vois en moyenne une trentaine par an.

» Il s'agit d'un symptôme, comparable à la fièvre. Derrière ce symptôme se cachent au moins cent cinquante causes possibles, voire plus. Chez nous les humains, la grossesse est l'addition de deux phénomènes : un phénomène physique et un phénomène psychique.

» L'absence de phénomène psychique est un déni de grossesse qui se développe à l'insu de la femme. Dans certains cas cliniques, elle se pose la question un jour et, le lendemain, elle l'a oubliée. Certaines femmes, grâce à l'aide de psychologues, arrivent à adopter leur enfant *in utero*, c'est-à-dire avant la naissance.

» Je vois dans mon service l'incrédulité de mes collaborateurs face au déni de grossesse. Beaucoup confondent "grossesse cachée" et "déni de grossesse". Deux pathologies différentes. Dans le déni de grossesse, il n'y a pas de parole, pas de formulation sur l'existence d'une grossesse. Le fait qu'une femme parle de son enfant lui donne une existence.

» Dans l'espèce humaine, un enfant n'existe que quand sa mère a formulé, à son égard, une parole d'amour ou de détestation. Quand il n'y a pas de parole au cours de la grossesse, il n'y a pas de grossesse.

» La semaine dernière, le père d'une étudiante en médecine regarde sa fille travailler et constate que ses chevilles sont enflées. Il s'avère qu'elle est enceinte de huit mois sans qu'elle en ait eu conscience.

» Quand les femmes ne se savent pas enceintes, elles disent toutes : "Au moment où l'on m'a dit que j'étais enceinte, je me suis rendu compte, en quelques heures, que je l'étais et je croyais qu'il me poussait un alien !" L'utérus d'une femme enceinte bascule vers l'avant lorsque la ceinture abdominale le laisse faire. Mais quand la grossesse n'est pas acceptée, l'utérus prend sa place au milieu des organes abdominaux au lieu de basculer vers l'avant.

» J'aurais tendance à dire que chez ces femmes en "déni" il y a comme une anesthésie, un scotome, comme si, sur leurs vies sexuelle et de reproduction, il y avait un blanc, un enfouissement, une incapacité à gérer, à prévoir, à anticiper.

» Certaines femmes présentent un profil tout à fait normal sur leur sexualité, leur reproduction, mais se montrent incapables de les gérer.

» Je suis frappé par leur look pas très féminin. C'est toujours, pour elles, une difficulté de s'exprimer sur leur sexualité, de parler du plaisir.

» J'ai constaté que ces femmes connaissaient de gros problèmes de repérage dans le temps. Concernant une affaire dont je me suis occupé à Albertville, l'accusée m'a dit : "S'il vous plaît, docteur, ne me demandez pas de date. J'ai du mal avec les dates. Je n'étais pas capable de recevoir des gens car prévoir quelque chose qui va se passer, c'est un repérage dans le temps. Je ne suis pas précise."

» Il y a une carence du corps médical, c'est dommage ! Personnellement, je passe du temps à enseigner ce qu'est le déni de grossesse.

» Dans le cas de Véronique Courjault, nous sommes dans une forme complexe. Cette pathologie fréquente, dangereuse, mal connue, mérite véritablement que le corps médical, les magistrats, la société civile apprennent à la reconnaître avec sa gravité et ses conséquences.

» Pour ce qui concerne le congélateur, plusieurs femmes ont congelé des bébés. Cela fait poser la question de savoir pourquoi congeler ? Certaines femmes n'étaient pas capables d'y répondre, même parfois après dix ans. Ou alors elles disaient "j'ai congelé pour les garder auprès de moi", et aussi "j'ai congelé pour pouvoir être punie plus tard".

» Madame Courjault aura besoin de beaucoup de temps et de travail sur elle-même pour pouvoir dire pourquoi elle a fait cela et pourquoi comme cela.

» Deux écueils à éviter : le non-lieu, qui ferait un déni du déni. Je trouve que le non-lieu viendrait dire de la part de la société : ce n'est pas grave. Donc, l'absence de condamnation est juste impossible. L'autre écueil serait d'utiliser l'arsenal pénal tel qu'il est pour punir, et ma réponse de citoyen est que je trouve que la gravité des faits pourrait inciter à une sévérité excessive.

» Je rappelle à l'infini que ces femmes sont malades et que ce n'est pas la prison qui peut les soigner, d'autant qu'elles ne sont pas dangereuses. »

Au travers de ce tableau clinique des femmes qui déniaient leur grossesse dressé par le professeur Nisand, comment ne pas reconnaître Véronique, même s'il ne l'avait pas rencontrée ? Comment ne pas me rappeler aussi l'impact catastrophique du congélateur sur l'opinion publique ? Comme si placer ses bébés en pareil endroit était plus significatif que de les incinérer ou de les enterrer dans le jardin. Les explications des psys sur ce point varient autant que les réponses des mères en désarroi. En ce qui concerne Véronique, cela faisait évidemment partie du gros sac de questions que je lui posais lors de mes visites, sans pour autant la harceler, suivant en cela les conseils de Sophie Marinopoulos. Qu'est-ce qui se passait, en Corée ? Il lui arrivait sûrement d'ouvrir le congélateur, non pour y ranger une bouteille de vodka, mais simplement pour voir si les bébés étaient toujours là… Sauf que pour elle ce n'étaient pas des bébés, j'en eus pour preuve la réponse qu'elle me fit un jour : « C'était pour voir si c'était bien réel, si c'était bien vrai. » Toute l'ambiguïté est là. Elle naviguait entre le réel et l'irréel. Elle voyait les bébés et ne les voyait pas, et remettait à plus tard la résolution du problème. Un peu – même si la comparaison n'a pas de commune mesure – comme lorsque vous rentrez chez vous, le soir, et trouvez votre déclaration de revenus en souffrance sur votre bureau. « Je m'en occuperai demain, après-demain… » C'est un problème à régler, on le sait, mais la feuille est là, on ne peut pas l'oublier, donc ça rassure, même si l'on ne sait pas encore ce qu'on va y inscrire… Et un jour il est trop tard, le percepteur intervient et vous taxe.

Un jour, en effet, après ma découverte, la police, la justice, et pour Véronique la révélation, sont arrivées.

La description que fit le professeur de ces femmes perdues dans le temps m'a aussi beaucoup frappé. Parce que ça, c'était Véro tout craché. Véro qui lors de son interrogatoire de première comparution s'était trompée sur la date de naissance de Léo ! Véro qui, en toute sincérité, avait livré à la juge d'instruction des dates complètement fausses, au point qu'il avait fallu reconstituer sa vie médicale en consultant ses relevés de la Sécurité sociale.

Au-delà de Véro, pour moi, le professeur parlait en fait aussi de ses frères et sœurs, et de toute sa famille. Une famille de sept enfants où l'on ne fêtait aucun anniversaire, où tous avaient de grosses difficultés pour appréhender le temps. À la barre, l'un des frères a même hésité sur sa propre date de naissance !

Le docteur Masson avait d'ailleurs également souligné l'incapacité de Véro à se projeter dans l'avenir.

Il n'empêche qu'en ce qui concerne le professeur Nisand, le procureur et le président n'ont retenu qu'une chose : le soir même, cet homme qui se bat pour la reconnaissance médicale du déni de grossesse, cet expert commis dans de nombreux autres procès par des juges d'instruction était allé dire la même chose qu'à l'audience sur un plateau de télévision. Insupportable pour eux ! Qu'un professeur de médecine s'exprime devant une caméra les a profondément irrités, au point de le caricaturer en une espèce de bouffon médiatique. Sept mois plus tard, en janvier 2010, le procureur ne l'avait toujours pas digéré puisqu'il y est revenu lors de son discours solennel de rentrée !

*
* *

S'est ensuite présenté le professeur Michel Dubec, cité comme témoin par le procureur. Nous nous attendions tous à un « assassinat » en règle. Un expert cité par l'avocat général ne pouvait guère venir à la rescousse de l'accusée. Maître Nathalie Senyk l'avait déjà affronté dans un procès d'infanticide et en conservait un très mauvais souvenir. Et puis, l'un de ses livres sur les violeurs en série avait provoqué une très violente polémique.

Après un long exposé sur l'infanticide au travers des siècles, le professeur Dubec a abordé les mystères de l'infanticide aujourd'hui. Et là, la surprise fut totale. Voilà en gros ce qu'il a expliqué :

– Il reste toujours bien des interrogations, des mystères, dans le processus de l'infanticide. Autant on peut comprendre qu'un infanticide en des temps reculés était un procédé de contrôle des naissances, de la natalité (les gens n'avaient pas d'autres solutions *grosso modo*), autant aujourd'hui, avec l'avortement, la contraception, la naissance sous X, on comprend de moins en moins comment peut survenir un infanticide. Mes réflexions ne sont pas dues aux faits récents que j'ai pu connaître par la presse mais à des faits d'expérience.

» Dans la majorité des cas d'infanticide, d'abord et avant tout en préalable, il y a une famille de naissance de la mère infanticide, une famille d'origine, souvent particulière. Pas seulement particulière en soi mais surtout dans la manière dont on parle : en général, ce sont des familles où l'on parle peu. Où, même si l'on parle normalement, les échanges ne signalent pas la singularité des personnes les unes par rapport aux autres. Autrement dit, ce sont des familles où l'on papote, où l'on évoque le quotidien, où l'on est bruyant parfois, mais on peut être bruyant et ne rien dire. Souvent les mères infanticides possèdent cet héritage de handicap à la parole, de handicap à la communication ouverte.

» Comment le processus démarre-t-il ? Il démarre par une annonce bloquée. La femme apprend sa grossesse par un médecin, des tests, un retard de règles. Normalement, dans les grossesses habituelles, la femme formule "j'attends un enfant". Elle le formule à elle-même, elle le formule à autrui. En même temps la conception de ce qui est l'embryon puis le fœtus est parlée. À partir du moment où elle est parlée, ça permet à la femme enceinte de rêver. Ça lui permet d'identifier l'embryon ou le fœtus qui est dans son ventre à l'enfant qui va naître. Ça lui permet de l'imaginer. Elle peut l'imaginer comme un enfant idéal, elle peut avoir des fantasmes, des rêves optimistes, comme elle peut avoir des craintes. En général, une femme enceinte traverse des moments où tous les espoirs lui sont permis et des moments où toutes les craintes l'assaillent.

» Dans l'infanticide, ce processus ne s'effectue pas. Autrement dit, il n'y aura pas les fantasmes, pas de : "Qu'est-ce que je vais en faire ? Que va-t-il devenir ?" À cette annonce bloquée correspond un avortement de processus psychique. C'est le premier des avortements : celui des fantasmes.

» Que va-t-il se passer ensuite ? Il y a effectivement, à l'accueil de l'information “je suis enceinte” par la femme, une sorte de répression consciente. À l'énoncé de “j'attends un enfant”, elle va substituer un autre énoncé : “Quelle est cette catastrophe ?” Elle va réagir par rapport à sa propre mère, à laquelle elle ne peut pas s'identifier, cette mère vis-à-vis de laquelle elle a connu tous les déboires. Ou elle va réagir par rapport à son conjoint, ce conjoint qui va peut-être l'abandonner, ce conjoint qui ne veut peut-être pas d'une grossesse supplémentaire. Elle imagine un certain nombre de réactions prêtées à autrui. À l'énoncé de “j'attends un enfant” surgit donc, je le redis, un vécu de catastrophe. Mais cette catastrophe fugace ne dure pas très longtemps parce qu'elle est mise au rebut. Elle est rejetée. Autrement dit, dans le processus psychique, le phénomène va être mis à l'écart. Quand on demande à une de ces femmes : “À quoi pensiez-vous ? Est-ce que vous pensiez ? Comment pensiez-vous que vous alliez accoucher ? Avorter ? Qu'est-ce qui allait se passer ?”, aucune n'est capable de répondre. De la même façon, toutes les pensées qui accompagnent la grossesse sont oubliées ou ignorées.

» Après cette annonce bloquée, que fait la femme en question ? Son premier souci sera de cacher. Elle cachera sa grossesse. Elle va devenir une anorexique de la grossesse au double sens du terme. D'abord elle grossira moins que dans les grossesses habituelles. Elle ne prendra souvent que cinq ou six kilos à terme, adaptera son corps à un processus psychique. Elle fera comme les anorexiques qui se mettent à table en cachant qu'elles ne mangent pas. Comment font-elles ? Elles dispersent la nourriture dans l'assiette et pendant plusieurs mois au moins la manœuvre passe inaperçue des parents. Au point que, très tard, ils s'aperçoivent d'un coup qu'elle a perdu dix kilos. La femme grosse cache comme la femme maigre. Et il faut bien que l'on imagine des pratiques, des procédés pour réussir. Eh bien, de cela non plus nous n'aurons pas la confidence. Nous n'aurons pas la révélation. Chaque fois que l'on interroge une femme coupable d'infanticide, elle présente son comportement comme ayant été naturel, comme si elle n'avait rien fait de particulier. Là aussi un blanc succède à l'infanticide. Après l'annonce bloquée, après le processus de clandestinité maintenu dans la grossesse subsiste un blanc. Tout est passé au blanc.

» Le processus psychique du déni est une qualité de défense très particulière. Au déni s'oppose le refoulement. Le refoulement, tout le monde en est l'objet. Par exemple, si quelqu'un perçoit une information ou éprouve un désir ou un sentiment, ou encore est sujet à un événement et que cet événement, ce désir, cette information sont intolérables au moi conscient, il les refoule dans l'inconscient sans qu'ils aient pour autant disparu. Dans le déni, il se passe tout à fait autre chose. Il n'y a pas de prise en compte par une partie consciente du psychisme de l'information extérieure. Elle est rejetée, annulée, elle n'existe plus, elle ne reviendra pas, elle n'est pas incorporée. C'est la forclusion. La forclusion qui correspond au terme juridique de la chose forclose. Au déni répond non plus un moi névrotique mais un clivage du moi. Le moi prend une partie de la réalité extérieure et la traite comme il faut, la traite normalement. L'autre partie de la réalité extérieure qui le gêne, il l'ignore. Une partie du moi ignore l'autre partie du moi. Voilà pourquoi on dit que le moi est clivé. Freud a décrit ce mécanisme du déni et du clivage dans le fétichisme et dans la psychose.

» On pourrait croire que le déni est un processus absolu, total, définitif. On est psychotique ou on ne l'est pas. On est dans le déni ou on ne l'est pas. Ce n'est pas si simple. En clinique humaine existent toutes les formes de transition entre un déni absolu et une simple dénégation, entre un clivage du moi et un simple refoulement. Il y a des moments de traversée où l'on passe du déni à la conscience totale, de la conscience totale au refoulement et réciproquement. On pourrait dire que dans le processus d'infanticide, dans le processus d'ignorance ou de dissimulation de la grossesse, se dessinent des dénis dégradés. Une personne normale peut traverser pendant un temps un état anormal. C'est ce qui se passe dans tous les cas d'infanticide que j'ai pu examiner. La femme dans le vécu de catastrophe initiale qu'est le sien réagit par une mise à l'écart et par une passivité anormale. Comme je l'ai dit tout à l'heure, elle n'énonce pas "j'attends un enfant", et par là même elle ne nomme pas un enfant. Cet enfant, ce sera l'enfant du silence. Elle restera dans le silence, le silence qu'elle a elle-même en héritage, le silence qui sera complet, absolu, jusqu'à la naissance et jusqu'à la mort du nouveau-né. Même après, quand on l'examinera, on aura une grande plage de silence, une incapacité à raconter, à expliquer et ce qui lui est arrivé et ce qu'elle a fait.

» À partir du moment où elle n'a rien révélé à personne, les mêmes processus s'engagent. On a vu des femmes mariées, ayant déjà des enfants, accoucher dans le couloir à deux pas de leur mari qui travaillait dans le bureau. En général [en cas d'infanticide, NDA], les conjoints sont dans un premier temps soupçonnés dans l'enquête, au minimum mis en garde à vue, et quelquefois mis en examen. C'est classique, avant que l'enquête ne révèle elle-même qu'en fin de compte ils ne savaient vraiment pas. On comprend difficilement ces femmes qui n'ont aucune raison objective, aucune raison rationnelle de ne pas pouvoir annoncer. Pourtant, ça existe. Il faut se référer à quelque chose d'intime dans la personnalité, à quelque chose en rapport aux figures parentales et notamment à la figure maternelle, à celle à laquelle elles n'ont pas pu s'identifier, pour comprendre comment le mauvais déclic se fait. J'ai examiné des femmes qui ont déjà eu des enfants et qui procèdent de la sorte. Pour celles que j'ai examinées, en général j'ai demandé à voir la famille. Il y avait toujours une relation très particulière au milieu familial et à la mère. »

Incroyable ! Invraisemblable ! Le seul et unique expert cité par le procureur se retournait contre lui. Bien sûr, il n'avait pas prononcé le nom de Véronique. Bien sûr, il ne l'avait pas examinée. Mais toute sa déposition collait parfaitement à ce qu'elle avait expliqué. Ce psychiatre avait été convoqué pour appuyer l'accusation, pour étayer le réquisitoire du procureur et, en homme libre, il apportait de l'eau au moulin de la défense ! Ça nous a coupé le souffle. La famille, les avocats, les témoins, nous étions tous stupéfaits. Par la suite d'ailleurs, le docteur Navarro a souligné que le refus de reconnaître le déni de grossesse tenait surtout à l'ignorance et a salué la déposition du professeur Dubec qui, sans doute après s'être très sérieusement penché sur la question, avait totalement changé d'avis sur le sujet.

Dans le même esprit, le lendemain, sous le titre « Véronique Courjault marque des points », *Le Figaro* soulignait « le brevet d'impartialité du professeur Dubec dans un exposé virtuose qui laisse entrevoir le portrait singulier de l'accusée. Vu sous ce prisme, Véronique Courjault est l'un des avatars d'un mystère venu du fond des âges et non une criminelle originale. Si elle est bien la proie d'un déni de grossesse, il est impossible de la juger à une aune cent pour cent cartésienne, sauf à se retrancher derrière une devise accusatoire ultrarigide, du type je pense donc je poursuis. Ce procès a connu un tournant. »

Bien sûr, le président et le procureur ont tenté par leurs questions de grappiller quelques informations susceptibles d'atténuer la portée des déclarations du professeur Dubec. Ils y ont rapidement renoncé.

Ainsi, le président a voulu appuyer la thèse de la préméditation.

– Vous avez contesté l'utilisation de la notion de préméditation. L'accumulation d'actes identiques vous fait-elle nuancer votre avis là-dessus ? Ou est-ce que finalement, selon vous, quel que soit le nombre de ces actes, on accomplit toujours un infanticide pour la première fois ?

Le professeur Michel Dubec, en toute sérénité, remit les choses en place.

– J'ai cherché à ne pas contester la qualification juridique en disant que je parlais de non-préméditation psychologique. Ce n'est pas une contestation de ma part. Notre observation est vaste et différente.

– La notion juridique est calquée sur une action psychologique, rétorqua le président.

À quoi le professeur répondit :

– Il y a un décalage entre nous. Honnêtement, je crois que le juridique cerne le crime en faisant le tour du crime lui-même. Le psychologue, le psychiatre rencontrent la personne. Par exemple, il y a des malades mentaux pour lesquels parfois ou souvent je conclus à l'article 122a, c'est-à-dire une déresponsabilisation pénale alors que, comme je le dis, il n'y a pas d'acte plus prémédité que celui d'un délirant paranoïaque. Il prépare, il est dans le délire. En revanche, quand un acte se commet selon un déterminisme où le sujet s'est laissé aller à la passivité, je ne peux pas, moi, considérer qu'il y a préméditation.

Ensuite, ce fut au tour du procureur de tenter sa chance avec le professeur.

– Comment une femme qui a accouché trois fois peut-elle prétendre, encore longtemps après, ignorer avoir été enceinte ? s'étonna-t-il.

Une fois de plus, le professeur Dubec répondit avec une affirmation calquée sur les déclarations de Véronique :

– Les mères infanticides n'accouchent pas d'un bébé. Elles accouchent d'une perte de leur propre corps, pas du corps d'un autre. Elles n'accouchent pas d'un bébé. Elles ne nomment pas « bébé » l'enfant qu'elles portent pendant leur grossesse. Dans une grossesse normale, une femme voit passer dans la rue un bébé. Elle se dit : « Pourvu qu'il ressemble à celui-là. » Par ce processus, la femme enceinte porte un bébé, elle le nomme et puis avec le progrès des échographies, souvent, on lui donne un prénom, quand on choisit de connaître le sexe, bien avant la naissance. Il y a la dénomination, il y a l'entrée dans l'imagerie fantasmatique, l'entrée à la fois dans l'imaginaire et le symbolique de ce qu'elles portent et qui est vraiment un bébé. Une femme infanticide met tout à l'écart, au rebut, elle laisse aller, elle laisse sortir de son corps. Et après, c'est là qu'on est toujours gênés. Parce qu'il y a la qualité du judiciaire et il y a aussi les handicaps du judiciaire. Quand on écoute quelqu'un, quand on examine une personne sous le coup d'une accusation grave, on a toujours tendance à douter de sa crédibilité, quoi qu'elle dise, et ce d'autant plus que ses déclarations seront plus évasives. Même si, en tant qu'expert, on sait que parfois la personne ne comprend pas elle-même ce qui s'est passé, son taux de crédibilité est amoindri, du fait même de son statut d'accusé. Mais si l'on écoute la même personne en psychothérapie plus tard, hors du cadre judiciaire, on s'aperçoit qu'on obtient toujours les mêmes résultats vaseux. On n'a pas plus de réponses aux questions : comment vous les avez vécus ? Comment ça s'est passé ? Comment vous avez accouché ?

Peu après le procès, j'ai appris qu'un reporter avait croisé le procureur, totalement abasourdi, dans un couloir du palais de justice juste après la déposition du professeur Dubec.

– Celui-là, fallait pas l'inviter, a lancé le journaliste à monsieur Varin.

– Mais ce n'est pas moi qui l'ai invité ! s'est emporté le procureur.

– C'est qui ?

– Oh, là, là, si vous saviez…

Le journaliste n'a pas pu en apprendre plus. Le procureur a vivement disparu dans un couloir.

En fait, il n'y a là aucun mystère : le parquet dépend de la chancellerie, le procureur prend ses ordres du garde des Sceaux. Bref, le choix venait de plus haut. Comment s'est-il fait ? C'est simple, à mon sens. La Justice s'est dit : la défense va citer Sophie Marinopoulos et Israël Nisand, des personnalités respectées, écoutées, des tenants du déni de grossesse. Qui avons-nous à mettre en face ?

Eh bien... un autre professeur, qui dans un précédent procès avait particulièrement accablé une mère infanticide.

Pourquoi cette décision ? Pour alourdir la condamnation de Véronique ? Je ne le pense pas une seconde. Plutôt pour ne pas accréditer un sujet tabou – le déni – que la société n'est pas prête à admettre. Ni les médecins, dont la plupart restent très frileux sur ce thème, ni la Justice, pour qui un crime est un crime. Ni le public, pour qui un infanticide est une abomination.

Seulement voilà : le professeur Dubec avait lu, étudié, revu son jugement et changé d'avis.

Et lorsque le procureur a ensuite accusé la défense d'avoir fait citer à titre de témoins ses propres experts, il a oublié que lui aussi l'avait fait avec le professeur Dubec.

*
* *

Comme si l'avis de ces deux éminents spécialistes demandait à être immédiatement controversé, une image, une seule image projetée sur les écrans de la cour d'assises, a soulevé l'incrédulité. Une photo de Véro retrouvée pendant l'instruction. En short et tee-shirt, sur une plage, de profil. La façon dont le tee-shirt épouse son ventre ne laisse aucun doute. Elle est enceinte. Ça se voit comme le nez au milieu de la figure. Que son mari, auteur du cliché, n'ait rien remarqué semble impensable. Ou alors, il mérite le titre de roi des crétins. Sauf que cette photo, je l'ai prise au Cambodge en 2006 ! Soit deux ans après l'hystérectomie qui empêchait désormais totalement Véronique d'enfanter. Véro avait repris des kilos, et chacun sait que la position de profil est la plus implacable pour les ventres rebondis.

Dans la salle, lorsque maître Morin a indiqué la date de cette photo, ce fut un « ooooohhhhhh » de stupéfaction. Tout le prétoire a frémi de discussions fébriles tandis que le président réclamait en vain le silence. Moi, j'ai poussé un « ouf » de soulagement. Heureux ! Ô que j'étais heureux… Enfin les gens comprenaient que la Justice finissait par être aveuglée dans son obstination. C'était la fin de la journée, tout le monde était crevé et là, un membre de la sécurité du palais de justice m'a adressé un clin d'œil doublé d'un grand sourire…

10

Une peine de reconstruction, et non de destruction

Dès avant le verdict, on savait à peu près à quoi s'attendre, comme souvent dans les procès. Les avocats ont discuté avec le procureur, avec le président pour des raisons techniques. Les journalistes, de leur côté, ont parlé avec les uns et les autres et ont réussi à obtenir des informations. Tous semblaient avoir compris que le procureur allait requérir dix ou douze ans de prison.

Mais quand j'ai entendu son réquisitoire, j'en ai sérieusement douté.

Curieusement, dès le début, comme s'il s'inquiétait de la réaction des médias, il s'adressa à eux, concédant qu'il s'agissait d'un procès hors normes, étant donné la nature des informations livrées et le contexte hypermédiatisé qui pourrait éventuellement troubler le débat. « De grâce, mesdames et messieurs les journalistes, ne volez pas la justice à la Justice ! » lança-t-il avant de rappeler le déroulement des faits depuis la découverte des corps jusqu'aux aveux de Véronique, en insistant sur les détails accablants. Tout en appelant, au détour d'une phrase, la presse à sa rescousse. D'après lui, si Véronique avait reconnu les faits durant la garde à vue, c'était au terme de longues dénégations. Pas comme dans l'affaire similaire d'Albertville où, selon un journaliste, la mère infanticide était spontanément passée aux aveux. J'ai trouvé ça incohérent.

Il a ensuite entrepris de dresser mon portrait, et là j'en ai pris pour mon grade. Pourquoi n'avais-je pas vu que Véronique était enceinte ? À cause de mon tempérament un peu paumé, parce que je ne regardais pas beaucoup autour de moi. Il en voulait pour preuve les déclarations d'un collègue de travail, qui, entendu lors de l'instruction, m'avait qualifié d'« adolescent attardé », ajoutant : « Si Véronique prenait cinq kilos, Jean-Louis ne le voyait pas ; mais si sa chaîne de moto était détendue, il s'en apercevait immédiatement. » D'après le procureur, l'éducation rigoureuse, respectueuse de l'autre, pudique que j'avais reçue de ma mère, femme de militaire (mon père n'a jamais été militaire !), était une des causes de ce comportement. Je m'étais donc, à l'entendre, rendu compte de la fatigue de Véronique, de sa prise de poids mais sans aller plus loin que la question : « Tu ne serais pas enceinte ? » Et je m'étais contenté de sa réponse négative, par crainte de l'importuner en insistant. Mais bon sang, fallait-il que je me transforme en procureur et que je la soumette à un interrogatoire ? Ensuite, prenant appui sur les déclarations du dossier, il martela qu'en août 2002 j'avais vu qu'elle avait pris des hanches et que ses seins avaient grossi. Pis, alors que Véronique souffrait d'une infection consécutive à son accouchement clandestin, j'aurais, selon lui, attendu un mois avant de décider de l'envoyer à l'hôpital. Complètement faux ! Certes Véro a rechigné, mais, comme je l'ai expliqué précédemment, je l'ai emmenée aux urgences environ une semaine après qu'elle eut vu le médecin, sur mon insistance, sans que son état ne s'améliore.

Évidemment, concernant les périodes d'abstinence sexuelle, il a rebondi, citant, en la sortant de son contexte, ma remarque : « Il n'y a pas que le sexe dans la vie. » Dans une logique simpliste, il en a conclu qu'« il [moi] ne voit pas que sa femme est enceinte parce qu'ils n'ont pas de relations sexuelles depuis plusieurs mois ». Encore faux ! Il n'y avait pas absence de relations sexuelles, ni désintérêt pour la chose, mais des périodes creuses comme dans tous les couples.

Cette focalisation sur le couple, d'ailleurs, m'agaçait particulièrement. Je veux bien admettre que dans une histoire comme celle-ci, la première question qui vient à l'esprit concerne les rapports entre les époux, mais que sait un homme de loi, que savons-nous – psychothérapeutes mis à part, et encore – des mystères des corps ? Pour le procureur, la « frigidité » de Véronique était forcément liée à l'inexpérience de son mari. Quant à expliquer les problèmes qu'elle avait avec la perception de son corps, comment l'aurait-elle pu face à un incapable ? Il a même parlé, empruntant la terminologie d'un expert psychiatre, de « cécité psychique ».

En effet, je n'avais pas vu que Véronique était enceinte, pas deviné qu'elle avait accouché, pas mesuré son égarement intérieur. Mais peut-on demander à un homme de découvrir ce que sa femme n'arrive même pas à percevoir elle-même, et que lui ne peut en aucun cas imaginer ?

Pour ce qui est de la vie courante, et s'appuyant sur l'instruction, le procureur a tricoté un personnage réfugié dans le travail, souvent absent, évitant la compagnie de sa femme et de ses enfants, se précipitant sur son ordinateur une fois le repas avalé…

J'ai déjà expliqué ce qu'il en était : je travaillais beaucoup, certes, mais à 20 heures j'étais à la maison, sauf sorties avec les clients, qui n'avaient guère lieu qu'une fois par mois. Nous dînions, nous parlions, nous regardions la télé, Véro partait se coucher avec un bouquin, et moi, dans la pièce adjacente, je terminais la paperasse. En quatre ans, je n'avais effectué que deux déplacements professionnels d'une dizaine de jours chacun. Les week-ends se passaient en famille, comme nos deux mois de vacances. Malgré cela, qui ne fut pas évoqué, « cette situation ne favorisait pas le rapprochement du couple », d'après le procureur.

Il était donc aisé pour Véronique de berner un benêt de mon acabit. Car il ne faisait aucun doute pour le procureur qu'elle avait volontairement dupé tout le monde. Il affirma qu'elle avait su ce qui lui arrivait dès le début et qu'à l'audience, avec beaucoup de peine, elle essayait de faire croire l'inverse. Une stratégie de défense mise au point, selon lui, à la suite du débat lancé par les médias sur le déni de grossesse, dont elle avait eu connaissance.

Le procureur est ensuite revenu aux deux défauts majeurs, à son avis, de Véronique : menteuse et fainéante. Véronique avait menti à tout le monde, rappela-t-il, comme le montrait sa déclaration du 10 octobre 2006, avant la garde à vue. Elle avait alors dit à sa sœur Nathalie : « C'est un scandale, je vais aller en prison pour quelque chose que je n'ai pas commis ! » Comme quelques heures plus tard elle avait avoué les faits, c'était bien la preuve qu'elle avait menti. Et par conséquent que c'était une menteuse. Et donc – cela en découlait – qu'elle avait tout prémédité. « Elle se savait enceinte », martela-t-il. Lors des interrogatoires, elle avait listé tous les symptômes de la grossesse. Durant l'instruction, elle avait dit s'être posé des questions sur la manière de sortir de cette impasse, mais elle avait surtout reconnu, selon le procureur, avoir décidé par avance du sort de ces bébés.

– Elle a déclaré : « J'ai pris cette décision tout de suite », cita le procureur. Une préméditation reposant sur un haut degré de conscience pour élaborer ces crimes.

Ce haut degré de conscience pour organiser la dissimulation se retrouvait, toujours pour le procureur, dans de multiples détails : alors que jusqu'à la naissance de Léo et Paul elle avait eu des relations sexuelles avec moi, pour les trois autres bébés elle avait cessé tout rapport trois mois avant le terme de la grossesse. Elle n'avait pas pris beaucoup de poids (j'aimerais savoir comment elle aurait pu contrôler ce genre de « détail » !) et avait porté des vêtements larges.

Mais Véro a toujours porté des vêtements larges ! Ils en avaient la preuve : de vieilles photos de nous, étudiants. Elle est toujours avec son même tee-shirt descendant jusqu'aux genoux. Elle s'est toujours fringuée comme ça mais ils n'ont jamais voulu retenir cette précision. « Comment faisiez-vous pour dissimuler votre grossesse ? Vous portiez des vêtements larges ? » Eh bien oui, comme d'habitude.

Et comme, de toute façon, je n'étais, selon lui, pas très intéressé par le sexe, je n'avais rien vu.

Une démonstration limpide. Absurde et grossière, mais limpide. Et surtout, basée sur les premières réponses de Véronique, quand elle était encore complètement perdue et se chargeait au maximum, soit pour me protéger, soit pour en finir avec les suggestions qu'on lui proposait : « Vous avez fait ça pour telle ou telle raison ? – Oui, oui, j'ai fait ça… »

– Où est le déni de grossesse dans un tel comportement ? demanda le procureur.

Et il poursuivit son raisonnement. Il existait un mobile et des mécanismes psychologiques. Le mobile ? Très simple : Véronique ne voulait pas de ces trois enfants. Elle n'en voulait pas. Il n'en était pas question.

– Elle l'a dit et redit au dossier ! répéta-t-il avant de donner sa propre explication à ce prétendu refus de maternité.

Selon lui, Véronique ne se sentait pas physiquement capable d'avoir plus d'enfants. Elle en voulait seulement deux car elle éprouvait le sentiment de ne pas être à la hauteur. Non seulement parce que d'une façon générale elle avait une vision dévaluée d'elle-même, mais surtout, toujours d'après lui, parce que les enfants, ce sont des contraintes, des efforts. Il assena alors son argument suprême : Véronique était un peu fainéante. Elle avait tendance au renoncement face à l'effort et remettait facilement au lendemain.

Le procureur, qui à l'entendre devait habiter chez nous, s'est ensuite relancé dans la description de notre couple. Un couple d'apparence modèle qui s'entendait bien, où jamais on n'élevait le ton, où tout se passait sans problème, où la réussite sociale était au rendez-vous. Mais tout ce bonheur n'était que poudre aux yeux ! Véronique, selon lui, estimait ne pas être véritablement heureuse en ménage à cause de mon manque d'attention, de mes absences répétées dues aux déplacements professionnels et surtout, lui aussi y revint, à cause de la moto.

– Il s'occupait de sa moto plutôt que de sa femme, donc elle se sentait un peu délaissée, expliqua-t-il.

Quant à l'idée d'avoir une famille nombreuse, le procureur admit tout de même qu'il fallait tenir compte de l'enfance de l'accusée. Famille nombreuse, famille pas très heureuse, manque de dialogue avec sa mère, de chaleur, d'affection. Et allons-y ! Au tour de la belle-famille de passer à la moulinette !

Les parents avaient certes fait le maximum sur le plan matériel, mais pas sur le plan affectif. Oh, il ne leur faisait aucun reproche, mais Véronique avait une image négative de sa mère, une mère submergée, une mère qui pleurait, qui râlait, qui n'accordait pas assez d'attention à ses enfants, qui les envoyait chez les grands-parents ; une mère qui ne chérissait pas suffisamment ses petits. L'illustration claire de cette vision dévalorisée de la maternité, il la trouvait dans le comportement de Véronique après l'opération de 2003. Son attitude avait changé car elle avait échappé à la mort, oui, peut-être, mais surtout parce qu'elle ne pouvait plus avoir d'enfants. Cette idée a suffi pour qu'elle s'épanouisse ! C'était bien la preuve du peu de cas qu'elle faisait de la fonction maternelle.

J'avoue avoir ensuite un peu perdu le fil du réquisitoire, tant les explications de l'avocat général ne semblaient pas s'emboîter. Il se félicita de ce que toutes les mères potentielles qui ne voulaient pas d'enfants n'aient pas recours à l'infanticide et cette noire ironie me blessa. Puis il juxtaposa des déclarations de l'accusée pour expliquer ses actes afin d'en revenir toujours à cette même phrase prononcée lors de la garde à vue : Véronique s'accordait tous les droits sur le bébé, même la mort puisqu'il était d'elle et en elle. Il rappela qu'elle avait admis avoir eu conscience au moins par moments de son état. Loin d'attribuer cette conscience alternative à un déni de grossesse comme l'avaient fait nombre de médias et d'experts, il ne voulait la considérer qu'« au niveau juridique ». Autant dire qu'à partir du moment où elle avait su, où elle avait dissimulé, elle avait bien décidé de tuer les bébés, et la préméditation était établie. Point.

Il convint cependant, se rangeant ainsi à l'avis des experts, qu'une grande part d'inconnu subsistait dans le comportement de Véronique. En raison de la personnalité particulière et troublée de l'accusée, il demanda – enfin – une atténuation de sa responsabilité.

– Mesdames et messieurs les jurés, conclut-il, ne diabolisez pas Véronique Courjault, mais n'en faites pas une icône. Je vous demande une peine de dix années.

Je l'ai dit, les bruits de couloir avaient laissé entendre que le procureur réclamerait cette peine. Mais j'avoue que le côté implacable de son réquisitoire m'avait fait redouter le pire. Seulement il y avait quand même eu un retournement de situation. Déjà la presse, pendant le procès, avait changé d'attitude. Les dépositions en faveur de Véronique, la solidarité familiale et, surtout, les explications des experts témoins de la défense avaient marqué les esprits. Même les parties civiles – à part L'Enfant bleu – ne se retournaient pas contre Véronique. Le procureur se retrouvait seul, et la Justice, dans cette affaire, un peu décalée.

*
* *

Face au procureur, la plaidoirie la plus forte des avocats de Véronique fut certainement celle de maître Nathalie Senyk. L'associée de maître Henri Leclerc devait démontrer l'absence de préméditation. Elle allait le faire avec conviction mais, d'emblée, ses mots les plus touchants furent consacrés à la personnalité de Véronique, à notre couple, à nos enfants :

– Véronique Courjault, que je vois depuis un an et demi à la maison d'arrêt d'Orléans, est une belle rencontre. Je me devais de commencer par cela.

L'avocate évoqua une femme attachante, bouleversante, douce, attentive, incarcérée depuis près de trois ans loin de ceux qu'elle aimait. Elle dit sa conviction chevillée au corps et au cœur que Véronique n'avait pas prémédité ses actes :

– Véronique n'est pas totalement l'acteur, elle est aussi l'objet de sa propre souffrance. Comment peut-il y avoir de préméditation sur de l'invisible, sur un corps qui n'est pas relié à la tête ? demanda-t-elle aux jurés.

Maître Senyk s'attacha à démontrer que sa cliente n'était pas non plus une dissimulatrice. On lui reprochait ses vêtements amples mais elle avait toujours porté des vêtements amples, gamine, adolescente, étudiante. Tous ses amis en avaient témoigné. Cela signifiait-il que dès l'âge de douze ans elle préméditait un crime qu'elle allait commettre vingt ans plus tard ? L'avocate supplia les jurés de ne pas oublier qu'en face d'eux se tenait une personne en réelle souffrance, mais qui progressait tous les jours, et qui était tout à fait capable de continuer cette psychothérapie en liberté. Quel risque présentait-elle ? Sans minimiser le geste de Véronique, on pouvait se poser la question, et maître Senyk le souligna, de savoir si la place de cette femme était en détention.

– Personnellement, je ne le crois pas, affirma-t-elle.

Elle parla de sa cliente comme d'« une belle personne ». Une fille timide, certes, mais qui avait conservé ses amis de vingt ans. Des amis qui avaient tous défilé à la barre pour dire sa gentillesse, sa générosité, sa sollicitude. Des amis, des proches, qui tous étaient abasourdis de la voir dans le box des accusés.

L'avocate souligna le courage qu'il avait fallu à sa cliente, une femme sincère, pour s'être livrée comme elle l'avait fait, face à son mari qui ne l'avait pas quittée des yeux. Puis elle rappela les témoignages favorables, « rares et précieux morceaux de vie », qui tous dépeignaient une mère attentive et aimante. Une maman comblée, qui décrivait la naissance de ses deux premiers enfants comme un moment merveilleux. Une maman qui n'avait aujourd'hui droit qu'à de maigres parloirs pour s'adresser à ses fils et répondre à leurs questions avec son cœur.

– Ces enfants sont construits. Ils ont un étayage, ces gamins, et c'est ce qu'on est venu vous dire aussi, ils ont un étayage pour affronter les obstacles les plus difficiles. Ils les partagent avec leur mère. Faites en sorte que Véronique les retrouve au plus vite, demanda-t-elle aux jurés en conclusion.

Auparavant, maître Hélène Delhommais avait démontré le caractère totalement illogique du comportement de Véronique. Loin d'avoir menti, dissimulé, ou mis en place une stratégie, Véronique avait toujours été sincère, se refusant à minimiser la gravité de ses actes. Elle avait bien essayé d'expliquer l'inexplicable, seulement, comme l'avaient dit les experts, elle ne possédait pas notre structure mentale, notre logique. Pour appuyer son propos, maître Delhommais raconta sa première entrevue avec sa cliente au moment de la garde à vue.

– J'ai rencontré une jeune femme étonnamment absente, étonnamment ailleurs, qui posait peu de questions. Un comportement détaché de l'attention focalisée sur elle. Depuis plusieurs semaines, les médias entretenaient le suspense et elle, elle n'était pas là. Oui, forcément, là aussi on est dans une logique qui est « notre » logique.

Revenant sur la garde à vue et les jours qui avaient suivi, l'avocate souligna que Véronique avait quand même tenu des propos qui auraient peut-être pu alerter les enquêteurs sur une certaine incohérence dans sa manière d'agir. Elle avait ainsi reconnu avoir placé les deux bébés de Corée dans le congélateur. Mais est-ce cohérent pour une personne qui voudrait éviter de se faire prendre ? Elle savait forcément qu'un jour quelqu'un les trouverait. Tous les étés, rappela maître Delhommais aux jurés, Véronique et moi revenions en France et l'appartement était prêté à des amis. Des amis qui ont vécu seuls dans cet appartement. Sans aucune interdiction d'accès au congélateur. La femme de ménage l'ouvrait, tout le monde l'ouvrait. Même moi, son mari ! Comment prétendre que ce soit un comportement rationnel et cohérent ? s'insurgea l'avocate. Pourquoi avoir transporté ces bébés dans notre nouvel appartement ? Pour des raisons matérielles ? N'était-il pas plus logique et plus facile de s'en débarrasser ? demanda-t-elle, avant de démontrer la simplicité d'une telle solution. Séoul compte vingt millions d'habitants. Une ville gigantesque où

Véronique se déplaçait, prenait le bus, le métro, faisait des balades avec ses copines. Elle ne vivait pas enfermée chez elle, elle pouvait tout à fait emmener les bébés et les jeter. Les gardiens d'immeubles ne fouillaient pas les sacs-poubelles. Il n'y a aucune cohérence dans son comportement. Aucune réflexion. Si elle avait voulu se débarrasser des petits corps, c'était tout à fait possible, mais elle ne l'a jamais fait, conclut-elle.

*
* *

Il revenait à maître Henri Leclerc de clore les plaidoiries de la défense. Il s'attacha tout particulièrement à faire baisser la peine de prison requise par le procureur. Il expliqua que la société devait juger le comportement des hommes en fonction aussi de leur part de responsabilité dans l'action. Si, comme l'avait dit le docteur Bensussan, Véronique n'avait pas voulu ce qui était arrivé, la peine devait être faible. Elle devait tenir compte des circonstances.

Avec un brin d'ironie, ce vieux ténor du barreau s'autorisa à parler des enfants. De nos enfants, vivants, Léo et Paul :

– Et pourquoi je n'en parlerais pas, de ces enfants ? On a certainement envie de punir la mort des bébés, c'est tellement insupportable. Qu'ils meurent de faim, qu'ils meurent le crâne fracassé par des rebelles ou dans d'autres terribles circonstances, oui, les bébés morts nous sont insupportables. Mais le problème, aujourd'hui, c'est aussi cette femme et ses deux fils bien vivants.

Maître Leclerc rappela que lors de leurs entretiens avec les psys, nos deux fils avaient eu du mal à exprimer ce que ces bébés représentaient pour eux. Ce qui a fait dire aux psys qu'à leurs yeux ces bébés n'existaient pas. Le déni, encore ? Je ne pouvais y croire. J'ai reposé la question à Paul, treize ans, qui m'a répondu : « Pour moi, c'est comme si je croisais quelqu'un dans la rue, c'est-à-dire quelqu'un de vivant mais qui m'est étranger. Je n'ose pas le dire, parce que je sais qu'il y a des gens qui ne veulent pas entendre ça. »

Moi, j'ai très bien entendu. Paul exprimait exactement ce que je ressentais : j'étais face à une filiation « intellectuelle », mais pas affective. Ces enfants, je ne pouvais que les « imaginer ». Ce n'est pas du tout de l'indifférence, c'est l'impossibilité de se raccrocher à quoi que ce soit, à un souvenir, un vécu, un sentiment. Pour mes fils, c'était pareil. Cela ne veut pas dire qu'ils niaient ces bébés, cela signifiait qu'ils n'avaient aucun moyen de les considérer comme des frères.

Maître Leclerc, ensuite, indiqua que Léo et Paul ne comprenaient pas le geste de leur mère, qu'ils s'interrogeaient, mais que, surtout, ils continuaient d'aimer leur maman, parce que leur maman les aimait. Leur maman qu'ils ne voyaient plus qu'une fois par mois.

– Paul a dit « maman est malade ». Oui, tu as raison, Paul, ta maman était malade. Oh, certes, elle n'est pas atteinte d'une maladie mortelle. Elle n'est pas malade d'une maladie qui fait que sa raison n'existe plus. Quoique parfois je m'interroge... Tu as raison, Paul, ta maman est malade. Il faut que tu te le dises, il faut le savoir et il faut que vous vous le disiez aussi, affirma-t-il en se tournant vers les jurés.

Puis il les interpella directement :

– Il faut que vous, vous disiez à Véronique Courjault : « Ce que vous avez fait est horrible. En tant qu'êtres humains nous ne pouvons pas le supporter. Mais parce que nous sommes des êtres humains, nous savons aussi comprendre car il y a quelque chose chez vous de fragile, de faible, de désespéré. »

Maître Leclerc ne cacha pas les difficultés à venir pour Léo et Paul, mais celles-ci ne pouvaient pas disparaître dans un parloir où l'on ne rencontre sa maman qu'une fois par mois, souligna-t-il. Alors qu'est-ce que ça changeait qu'elle reste en prison ? Il voyait avant tout en Véronique une femme déchirée dont les enfants ne souhaitaient qu'une chose : qu'elle sorte. Et lui aussi, maître Leclerc, le voulait. Il conclut par une requête pleine d'émotion adressée au jury :

– Ah, je voudrais tant qu'elle sorte ce soir, même si cela peut paraître impossible. Vous demander l'impossible. J'ai tellement demandé l'impossible aux juges et aux jurés... Je ne l'ai pas toujours obtenu, mais je l'ai obtenu quelques fois. Je vous demande l'impossible parce que l'impossible me paraît juste, tout simplement. Juste pour elle, juste pour Léo et Paul. On permettrait à Léo et Paul de se reconstruire avec leur maman, on permettrait à leur maman de continuer à déchirer les brumes qui l'entourent et de redevenir une femme, simplement, aux côtés de son mari, en portant au fond d'elle-même et sur elle-même, jusqu'à la fin de sa vie, la réalité de ces actes dont elle prend conscience jour après jour et qui, petit à petit, devient pour elle un poids terrible.

L'accusé ayant toujours la parole en dernier, le président a demandé à Véronique si elle avait quelque chose à ajouter pour sa défense. Des sanglots dans la voix, elle a répondu :

– Je voudrais dire que j'ai essayé de m'expliquer comme je l'ai pu, que je sais que mes mots ne sont souvent pas à la hauteur. Voilà, je voudrais dire que j'ai conscience d'avoir tué nos enfants et que ce sont des choses qui me resteront là tout le temps, voilà, c'est tout.

Et ça m'a fait du bien de l'entendre dire « nos enfants », de n'être enfin plus tenu à l'écart de ces grossesses. J'étais surtout content qu'elle soit passée du stade où « quelque chose » lui était tombé du corps – une chose non identifiée – au stade où cette chose était un enfant. Nos enfants... Évidemment ce « progrès » donnait aussi la mesure du travail qu'il lui restait à faire sur elle, mais c'était un début.

*
* *

L'attente du verdict fut naturellement une épreuve. Nous sommes allés dans un bistrot, la famille, les amis, les copines de Véronique. Nous nous sommes mis à compter le temps qu'il resterait à purger si la cour suivait les réquisitions du procureur. Et si le verdict était plus lourd ? Et s'il était plus clément ? Quand pourrait-on espérer une mise en liberté surveillée, compte tenu des années que Véronique avait déjà passées derrière les barreaux ?

Le public, lui, s'était éparpillé autour du palais de justice, dans les cafés. Compte tenu de la longueur prévue des débats, certains sont rentrés chez eux, pour revenir dans le prétoire quelques heures plus tard.

Et là, la sentence est tombée : huit ans de prison. Elle a été accueillie sans murmures. Même les plus optimistes n'imaginaient pas une remise en liberté.

Mais la Justice n'avait pas choisi non plus, finalement, une peine de destruction. Une longue coupure du monde extérieur qui n'aurait laissé que peu de chances à Véronique de se reconstruire.

Qui nous aurait, tous – elle, nos fils, moi –, privés de l'espoir de bâtir une vie nouvelle, conscients des difficultés que cela représente, mais avec pour alliés l'amour, la compassion, et un espoir déterminé.

11

L'impact

À l'issue du procès, maître Marc Morin a déclaré qu'en matière de déni de grossesse « il y aurait désormais un avant et un après Courjault ».

Il est vrai en effet que si, dans un premier temps, les délires médiatiques autour de cette tragique affaire nous ont atterrés – Véronique présentée comme un monstre, moi, comme un complice ou le dernier des abrutis dans le meilleur des cas –, les articles qui ont suivi ont permis à des millions de personnes de connaître un peu mieux ce déni de grossesse *a priori* inimaginable, et qui plonge celles qui en pâtissent dans un désarroi total, voire dans le désespoir quand il se termine par la mort d'un nouveau-né et qu'elles en prennent conscience.

Et, m'a confié le docteur Félix Navarro, « si la Justice a peu apprécié la médiatisation autour de ce procès, le monde médical s'en est réjoui en grande partie. Au point d'ailleurs de s'interroger sur la pertinence de l'expression "déni de grossesse", issue de la psychanalyse. Au XIXe siècle, les médecins parlaient de "grossesse inconsciente", ce qui semble mieux correspondre à la réalité. »

D'ailleurs, la Justice elle-même pourrait trouver son compte dans la reconnaissance officielle de ce problème médical, psychiatrique, qui ne saurait relever des règles classiques appliquées à la criminalité ordinaire. Or jusqu'ici, faute de qualification précise, le déni de grossesse, face à une cour d'assises, a toujours fait l'objet d'une sorte de « loterie », explique toujours le docteur Navarro. On a vu des dossiers classés sans suite, des femmes acquittées, d'autres condamnées à vingt ans de prison. On peut parler bien sûr de l'humanité et de l'ouverture d'esprit plus ou moins grande du procureur et des jurés, mais c'est surtout l'ignorance, dans ce domaine, qui provoque la lourdeur de la peine, la rigidité du jugement, le rejet.

Le rejet. Ç'aurait été sans doute ma réaction si je ne m'étais pas trouvé au cœur de ce drame et si je n'avais pas cherché, avant tout, à comprendre l'inimaginable.

Le rejet… C'est ce que je redoutais le plus pour Véronique et qui nous fut, Dieu merci, épargné dans notre famille et parmi nos proches. Mais je savais bien qu'au-delà de ces frontières il pouvait exister. On m'a dit que certains comparaient le cas de Véronique à celui des *serial killers*. Des déséquilibrés, sans doute, mais qui n'en demeuraient pas moins des meurtriers dangereux. Qu'allions-nous faire de ce rejet dans notre projet de reconstruction ? Qu'allait faire Véronique de ces reculs imperceptibles, de ces regards qui fuient à l'approche d'une femme dont on ne peut admettre les agissements ?

Les éclaircissements apportés au cours du procès par les experts de la défense – et largement diffusés – ont permis à l'opinion publique de s'interroger, de nuancer ses *a priori*, de voir soudain dans le cas de Véronique – entre autres – un drame plutôt qu'un indigne forfait.

Mais ce qui a particulièrement marqué les esprits, c'est le film de Jean-Xavier de Lestrade, *La Fille du silence*, diffusé le 7 décembre 2009 sur France 3, auquel pourtant, au départ, je n'avais pas voulu participer.

Les responsables du téléfilm ont pris contact avec moi une quinzaine de jours avant le procès. De Lestrade m'avait écrit auparavant mais, comme pour toutes les autres propositions que j'avais reçues, je n'avais pas donné suite. J'avais entendu parler du projet, un bruit courait selon lequel quelqu'un préparait un docu-fiction. J'avais dit que je ne mettrais pas le doigt là-dedans, que ça se ferait sans moi. Un jour, ils m'ont appelé au téléphone, me demandant s'ils pouvaient venir pour discuter.

Ils sont venus, on a papoté, ils m'ont expliqué ce qu'ils voulaient faire. Jean-Xavier de Lestrade m'a précisé qu'il n'était pas un journaliste mais un metteur en scène qui avait fait plusieurs films sur la Justice, concernant des thèmes variés.

– Écoutez, ai-je répondu, avant le procès, il n'en est pas question. Après on verra, mais je ne vous cache pas ma réticence pour ce genre de truc. Je n'ai pas envie de rentrer là-dedans, ce n'est pas dans mon caractère.

On en est restés là. Je ne leur avais pas donné de réponse, si ce n'est un « non, sauf contrordre ».

Jean-Xavier de Lestrade est venu au procès en pensant que j'allais continuer à refuser. C'est quelqu'un de très agréable, de très gentil, son combat est juste, mais je n'avais pas envie de me trouver mis en pâture à la télévision.

Seulement au troisième ou quatrième jour du procès, le président, je le rappelle, s'est montré particulièrement odieux avec Véronique. Il ne sortait pas de l'instruction, il ne sortait pas de l'interrogatoire de garde à vue, il l'empêchait de parler, tout était piège dans ses propos. Or si un accusé n'est pas préparé à ce genre de comportement – et en général il ne l'est pas –, il est cuit. J'étais hors de moi. Lors d'une interruption de séance, je suis allé trouver Jean-Xavier de Lestrade et je lui ai dit simplement :

– Si vous avez besoin d'un coup de main, vous l'avez !

Ce que j'ignorais, c'est que sans mon accord, le film ne se faisait pas. Il est très fort, de Lestrade… Mais je n'ai jamais regretté.

Le docu-fiction comprenait un téléfilm d'une heure et mon interview, qui durait vingt minutes. Jean-Xavier de Lestrade a bien exposé les deux visions du problème, diamétralement opposées : les tenants du crime, et ceux du déni. Tout ce que dit le président dans le film est authentique, les « oh ! » et les « ah ! » de l'assemblée face à certaines réflexions outrancières aussi, en particulier en ce qui concerne les remarques misogynes. Pour ce qui est de notre couple et de Véro en particulier, il n'a pas lésiné sur les détails et bien sûr cela m'a gêné, mais le ton était juste. J'ai trouvé le film très bon, et l'actrice m'a scotché.

Ce ne fut pas le cas du procureur, qui, lui, a hurlé au scandale. Or il faut quand même recadrer les faits. Le metteur en scène avait, comme il se doit, demandé l'autorisation de la Justice et obtenu sa bénédiction. Il avait loué à bon prix la salle de la cour d'assises de Tours, et restitué l'ambiance comme les débats de façon scrupuleuse. Il avait fourni au procureur les DVD de ses œuvres précédentes et celui-ci les avait appréciées. Il avait aussi, bien sûr, interviewé monsieur Varin, mais il avait estimé que cet entretien n'apportait rien d'utilisable et n'en avait pas retenu un mot. Ça fâche…

Parti pris ? Oui mais, à mon sens, surtout de la part du procureur, qui n'arrêtait pas de fustiger ce procès « hors normes », parlant de manipulation des médias (par qui ? par moi, le petit ingénieur ?), disant qu'une instruction de l'affaire – parallèle – s'était peu à peu instaurée dans les journaux et sur les plateaux de télévision. Laquelle instruction, nourrie par des spécialistes partisans du déni de grossesse, avait fini par mettre cette idée dans la tête du public. J'imagine qu'il a resservi le même discours outré à Jean-Xavier de Lestrade qui, lui, de son côté, faisait tout pour rester au plus près des témoignages et débats. On comprend qu'il n'ait rien pu tirer d'une pareille diatribe.

Sans doute mortifié, et fidèle à son intime conviction, Philippe Varin a conclu publiquement :

– Ceux qui ont vu le film et ont aussi assisté aux débats auront noté qu'au-delà de l'œuvre d'une incontestable qualité, le réalisateur a fait, ce qui était inévitable, des choix qui résultent d'un parti pris évident.

Je ne partage pas cet avis. De Lestrade n'a privilégié aucune thèse. Il traite simplement son sujet avec un œil humain, différent de l'approche uniquement criminelle du magistrat. Et d'ailleurs, en ce qui concerne le public, je ne dirais pas que c'est la « thèse » du déni qui l'a emporté, mais plutôt sa compréhension. Et ça, c'est la vraie réussite de ce docu-fiction.

Car pour Véronique, ce fut extraordinaire ! Je ne le lui ai pas dit tout de suite pour ne pas la bousculer. Elle a vu le film, m'a confié qu'elle le trouvait « bien » mais sans autres commentaires. Elle me semblait mal à l'aise, ce qui est naturel. Mais pour ma part, j'ai reçu des tonnes de messages de sympathie, de la part d'inconnus de tous les horizons, dont certains m'avouaient s'être montrés jusque-là réticents, voire hostiles. Plus près de moi, des collègues m'ont approché... D'abord pour s'excuser d'avoir regardé le film, pas par voyeurisme mais afin de tenter d'y voir clair. Puis ils m'ont dit qu'ils avaient été touchés, et surtout que cela leur avait permis de répondre à certaines questions, de comprendre.

Une sorte de réhabilitation, en somme, qui m'a bouleversé.

Alors peu m'importait que le procureur ne rate pas une occasion de dénigrer les défenseurs de Véronique Courjault à chaque réunion importante à laquelle il assistait, ni qu'il en fasse son cheval de bataille dans son discours du 11 janvier 2010 lors de l'audience solennelle de rentrée, j'avais un peu moins froid au cœur.

D'autant que pour les enfants et pour moi, pour la famille et les amis, cette nouvelle année s'ouvrait sur un formidable espoir : celui de retrouver Véronique – en liberté conditionnelle – avant l'automne.

Et de nous attaquer à l'avenir.

12

Demain

14 mai 2010

9 h 50… Deux heures que j'attends, assis sur le banc qui fait face à la prison d'Orléans, scrutant la petite porte située à gauche du lourd portail métallique de l'établissement pénitentiaire. Les allées et venues sont rares, en ce matin de printemps, et chaque sortie est une déception : mais que fait-elle ?

Soudain, la petite porte s'entrouvre à nouveau. Apparaît un sac noir, que je reconnais aussitôt. Puis elle, qui balaye la place d'un regard, croise le mien et me sourit.

Véronique, à dater d'aujourd'hui, est en liberté conditionnelle. Je ne retiens que le mot « liberté » et lui retourne son sourire.

*
* *

La liberté conditionnelle ne s'obtient pas d'un coup de baguette magique. Il a fallu constituer un dossier d'aménagement de peine, qui demandait de réunir un certain nombre de points favorables. Un juge ne va pas libérer une personne qui présente le moindre risque pour la société, ne serait-ce qu'en se révélant dans l'impossibilité de se réadapter à la vie hors les murs.

Véronique a eu la chance de tomber sur une juge d'application des peines qui préférait la reconstruction à l'incarcération. Néanmoins, la juge n'ignorait pas que Véro, une fois dehors, traînerait un fardeau très lourd. Un fardeau intime, qui demandait un suivi psychiatrique. Véro avait commencé une thérapie en prison et souhaitait la poursuivre. Je partageais cet avis, et demeurais néanmoins persuadé que l'amour des siens, plus que tout, lui permettrait de retrouver ses marques, son équilibre et la confiance en l'avenir. Je pense d'ailleurs que la joie de ses enfants au parloir, comme ma propre assiduité et l'union de toute la famille ont favorablement pesé sur la décision de la juge : Véronique serait accueillie dans un foyer solide et aimant.

Restait à trouver un travail. Pour la Justice, le travail est un des piliers de la vie sociale. Je ne dis pas que tous les juges méprisent les femmes au foyer, mais quand même… On a vu pendant le procès que cette qualification avait, dans l'esprit de certains, fait de Véro une paresseuse… Mais là aussi, Véronique était d'accord. Elle voulait retravailler, elle me l'a confirmé. Ne pas passer des heures, fût-ce en s'occupant à la maison, à broyer du noir pendant que les enfants seraient à l'école, puis au lycée, puis ailleurs, puis envolés. Donc le dossier était plutôt positif.

Sauf que trouver du travail, en temps de crise et surtout étant donné la notoriété désastreuse de « l'affaire Courjault », n'était pas une démarche évidente de facilité. Certes, le Pôle emploi détache des représentants en prison pour s'occuper de ces choses, mais quand c'est possible… Nombre de fonctions de réinsertion sont supprimées, alors même qu'en haut lieu on clame qu'il y a trop de gens dans les prisons. Et puis, les personnes déléguées par le Pôle emploi ne peuvent pas toujours faire des miracles. J'ai donc pris le taureau par les cornes. Je me suis dit que dans notre cas, il était inutile de chercher à cibler large en faisant des mailings. L'employeur qui accepterait d'embaucher Véronique agirait par conviction personnelle, pour faire un acte « social », l'aider à trouver un socle afin de se restructurer.

J'ai fait appel à divers amis et relations, et l'homme rare s'est présenté. Je ne le connaissais pas, mais il a accepté un entretien d'embauche. Ce fut l'objet de la première « permission » – une journée, soit un peu plus de huit heures – pour Véronique, le 8 février 2010.

Huit heures... Le temps d'aller au rendez-vous de l'employeur, d'assurer l'entretien d'embauche, de filer à la maison pour déjeuner et de passer les heures qui restent ensemble, tous les quatre chez nous, avant de repartir, vers 15 heures, pour la prison. Une impression étrange... Se mêlaient l'angoisse de l'« examen », la joie et la tendresse à partager, mais aussi le temps accéléré, l'œil sur la montre en vue du retour en cellule.

Le matin, je suis allé la chercher en voiture et pendant le trajet – une heure et demie de route –, j'ai tenté de la « briefer » au mieux. Un employeur l'attendait, qui voulait juger de ses capacités, et jauger sa stabilité, intellectuelle et psychique. Cela faisait trois ans qu'elle vivait enfermée, il allait falloir qu'elle « se vende », ou tout au moins qu'elle rassure ses interlocuteurs. Émotionnellement, elle me semblait relativement sereine, si tant est qu'on puisse l'être en pareil cas. Mais j'ai dû l'aider à mettre en valeur ses capacités professionnelles, en informatique entre autres, sans oublier de mentionner l'anglais qu'elle maîtrisait assez bien puisqu'elle était en passe d'obtenir sa licence préparée en prison.

Évidemment je n'ai pas assisté à l'entretien, mais Véronique en est ressortie satisfaite en m'annonçant qu'on lui avait proposé un poste de secrétaire en CDD, renouvelable.

Un CDD qui a mis plus de quarante jours, au rythme de l'administration, à arriver sur le bureau de la juge, ce qui a réduit d'autant sa durée initiale et la sortie en conditionnelle de Véro. Mais bon. C'était quand même prometteur.

Quelques semaines plus tard, la commission d'application des peines accordait à Véronique une autre permission, plus longue, pour « rapprochement familial ». J'étais en Inde lorsque Véro me l'a appris par téléphone et mes interlocuteurs ont dû noter ma soudaine bonne humeur. Je ne pensais qu'au week-end qui s'annonçait…

La veille, avec l'aide de la femme de ménage, nous avons fleuri et briqué la maison de fond en comble. Le samedi 27 février au matin, je suis arrivé à l'accueil dix minutes avant l'heure pour signaler ma présence. Véro s'était faite toute belle et nous avons filé vers la maison en passant par de très jolies routes du bord de Loire. Les enfants, qui d'habitude dorment jusqu'en fin de matinée le week-end, s'étaient levés aux aurores pour ne pas perdre un seul instant de leur maman. Pas question d'arriver en retard.

À midi, toute la famille était là pour accueillir Véro. Un moment extrêmement émouvant et heureux puisque, une fois de plus, l'unité familiale était au rendez-vous. Je regardais Véro aller de l'un à l'autre sans la moindre appréhension, sans aucune crainte, sourire aux lèvres. Elle retrouvait sa place en douceur, avec un calme extrême. Elle a pris le temps de parler à chacun, y compris aux amis venus nous saluer dans l'après-midi.

Certains prendront peut-être cette attitude éternellement souriante pour de l'inconscience récurrente, je pense au contraire qu'elle témoigne d'une disposition d'esprit très lucide. Si lourd soit le poids du passé, Véronique ne peut pas, ne doit pas gâcher le restant de sa vie en demeurant enfermée dans la hantise de ce qu'elle a fait, sinon elle ne pourra jamais s'en sortir.

Et puis, entre-temps, il y avait eu un début de thérapie, le procès, la découverte du déni – une atroce épreuve, certes, mais aussi une libération : ce n'était pas la fin des tourments, c'était même le début d'interrogations graves et douloureuses, mais au moins était-elle sortie des brumes fantomatiques qui asphyxiaient son existence. « C'est incroyable, m'a dit une amie psychologue, je ne la reconnais pas. » En effet, son visage me paraissait plus lisse, plus épanoui, elle avait rajeuni, je retrouvais la Véronique des débuts de notre histoire…

Le soir et le lendemain matin furent réservés aux enfants, à leurs confidences, aux bisous, aux câlins, au bonheur. Véronique a aussi découvert une maison qu'elle ne connaissait pas, malgré les photos que je lui en avais montrées. Elle l'avait quittée « en chantier », équipée du strict minimum pour les vacances, elle retrouvait une demeure familiale où l'on avait effectué de nombreux travaux. Il y avait encore beaucoup à faire mais on attendait qu'elle revienne.

L'attente, bien sûr, nous parut longue, malgré une deuxième permission de sortie, de deux jours celle-là, les 10 et 11 avril 2010. Même ambiance de tendresse chaleureuse, les enfants, la famille, les amis. Nous avons fêté les quinze ans de Léo, entouré de ses copains. Véronique a pris le temps d'aller discuter avec nos voisins, qui lui ont demandé la date de son retour « réel » chez elle.

C'est ce que nous attendions tous, désormais : le retour à la *réalité*.

Le 14 mai, celle-ci nous attendait. Et avant même de me colleter avec elle, j'ai décidé de la parer des couleurs de l'espoir.

*
* *

Comment envisagez-vous l'avenir ? Cette question, je ne sais combien de fois je l'ai entendue depuis que Véronique nous a rejoints.

En général, pour couper court, je réponds par une pirouette : « Mieux qu'en prison, en ce qui concerne Véro. » Qu'attend-on de moi ? Que je me lance dans un discours plein de projets solides, irrémédiablement voués au succès, remèdes et résolutions à l'appui ? Dans ce cas-là, oui, on pourrait me traiter d'imbécile. Véronique est vulnérable, forte mais lestée d'une montagne de problèmes à régler. Les enfants grandissent, feront sans doute un jour leur crise d'adolescence comme beaucoup d'autres, avec des écueils plus lourds pour nous que pour d'autres parents. Je sais que nous marchons sur des œufs. Mais je garde à l'esprit que le pire n'est jamais sûr.

Donc nous avançons pas à pas. Je ne fais pas comme si de rien n'était : je fais face au problème, avant de l'attaquer, si besoin est.

Avant tout, nous devons – et nous nous y employons depuis le mois de mai – réinstaller Véronique dans sa place. Rendre avec elle notre maison encore plus belle, la laisser reprendre ses prérogatives. Elle a déjà remis de l'ordre un peu partout. Elle a aussi essayé de refaire son trou dans la cuisine mais elle a du mal, avec ses trois gars devenus maîtres-queux !

À l'extérieur, il a fallu affronter le regard des gens, ce regard que je redoutais tellement... Pendant nos discussions au parloir de la prison, nous avions évoqué l'idée de repartir pour l'étranger. Et puis nous avons réfléchi. À l'étranger, où que vous vous rendiez pour un long séjour, vous vous retrouvez dans un milieu d'expatriés. Et là, c'est quitte ou double : si celui-ci vous rejette, vous vivez en bannis de la communauté française, et pour peu que vous ne connaissiez pas assez bien la langue du pays, vous n'avez guère de chances de vous y faire des amis. Or « l'affaire », dans ses premiers retentissements, a laissé des traces partout. Par ailleurs, rien ne dit que le juge d'application des peines accepterait une expatriation.

De toute façon, fuir n'est pas forcément la bonne option. Bien sûr, depuis la libération de Véronique, nous avons reçu quelques « gentillesses » par la poste, mais le courage anonyme de ces auteurs ne suffit pas à nous démonter. Ici, à Souvigny, Véro n'a été l'objet d'aucune manifestation d'hostilité, au contraire. Que des paroles de soutien. Certes, quand il lui a fallu, au début, aller un peu plus loin

– pour faire des courses à Amboise, par exemple –, elle a eu quelques réticences, vite balayées. D'ailleurs, neuf fois sur dix, elle passe inaperçue. Son visage a changé – je l'ai dit –, ses cheveux sont plus courts. Le seul handicap, quand elle se trouve en ma compagnie, c'est moi ! On s'arrête dans un bistrot pour prendre un café, c'est moi qu'on dévisage, forcément : ma photo a été beaucoup plus divulguée que la sienne, et un mari benêt caricaturé comme je le fus, ça ne s'oublie pas.

J'ai surmonté ce désagrément, mais il m'agace toujours.

Véro doit également demeurer vigilante par rapport aux astreintes de la liberté « conditionnelle » qui, comme son nom l'indique, impose des conditions.

Par exemple, un jour où nous avions dîné chez ma sœur, Véronique m'a dit, au retour vers 23 heures : « J'ai bu trois verres de champagne, tu prends le volant ! » Des gendarmes sur la route, le test du ballon, et vous retournez à la case départ. C'est-à-dire, pour Véro, en prison.

Véronique a d'autres contraintes, auxquelles elle doit se tenir, comme celle de ne pas communiquer avec la presse. Seulement à sa sortie, ce ne fut pas simple ! Elle savait bien que les journalistes arriveraient de partout. On est restés cloîtrés à la maison, volets fermés, pendant plus de quarante-huit heures ! Le téléphone sonnait sans arrêt. Je décrochais, je raccrochais, il resonnait… Les gens du village, de leur côté, faisaient en sorte d'éloigner les journalistes. Quelques-uns, parmi ceux-ci, m'avaient averti que le cirque allait durer deux ou trois jours, pas plus. Quand les voisins m'ont dit qu'ils n'étaient plus importunés, nous avons mis le nez dehors. Mais ces précautions n'ont pas suffi et, quelques jours plus tard, les paparazzi de *Paris Match*, en planque, nous ont suivis et ont réussi quelques clichés près de chez une de mes belles-sœurs, lors d'une balade à vélo. L'article n'était pas une bombe, restait la photo… qui aurait pu valoir à Véro des ennuis.

Reste pour Véronique l'obligation d'un suivi psychiatrique, qui pourra lui permettre de voir plus clair en elle.

Véro a admis les faits mais doit encore les comprendre, et se libérer de ses questionnements, de sa culpabilisation, du passé. Les psychiatres pourront l'y aider, même si, à mon avis, ils ne peuvent pas tout faire : l'amour des siens, je le répète à dessein, est indispensable à sa renaissance.

Seulement je connais Véronique et je n'ignore pas que si je cherche à forcer les barrières de sa souffrance, non seulement elle va se refermer comme une huître, mais je risque de bloquer en elle un mécanisme de découverte dont elle a essentiellement besoin.

Car Véronique ne sait pas tout de son histoire. Elle tâtonne…

Un jour, elle a fait allusion devant moi au moment où tout avait commencé à péricliter, où elle avait commencé à s'isoler… Elle est parvenue à peu près à situer ça dans le temps, mais dire pourquoi… Pourquoi se sentait-elle malheureuse ? Elle m'a avoué l'ignorer totalement. J'ai pu mesurer alors qu'elle avait encore un énorme travail à faire, à petits pas, et sans harcèlement de la part d'un mari qui préfère lui distribuer de l'amour. Et pas n'importe lequel. « J'aime la façon dont tu m'aimes », m'a-t-elle dit récemment.

Cela dit, j'ai changé. Cette déferlante a un peu brisé ma muraille de pudeur. Un peu seulement. Je n'aime pas défoncer les portes, fussent-elles de papier. Mais je suis plus à l'écoute, plus en empathie. Quand on me dit qu'il faut que je prenne « mieux » soin de Véronique, ça me fait sauter au plafond : j'ai toujours pris soin de Véro ! Mais désormais je me montre plus attentif à ses réactions, je capte dans chacune de ses phrases le moindre signe révélateur.

Et même si je garde actuellement mes réflexions pour moi, je pense… je pense souvent… Ils planent dans mon esprit comme un leitmotiv de tristesse insondable, ces petits inconnus, déniés mais que je n'oublie pas : je pense aux bébés.

*
* *

Car ils sont là, tous les trois, présents dans ma tête, dans mon cœur, fantômes imprécis de mon quotidien. Et je me dis que tant qu'on ne les aura pas reconnus, reçus, fût-ce dans nos âmes meurtries d'autopunition, ni moi ni Véronique ne viendrons à bout de notre propre réhabilitation.

Il faudra pour cela de la lucidité, du courage et du temps.

Il faudra que nous puissions en parler, avec Véronique, sans appréhension. Entre nous. Puis avec Léo et Paul, plus tard peut-être, quand ils pourront affronter la lourdeur prégnante de ce bilan.

Véronique a compris, je l'imagine au travers de ses propos, qu'elle avait tué ses enfants, mais qu'elle n'avait pas prémédité ces actes et qu'elle n'en avait même pas eu conscience.

Il n'empêche que ce sont nos enfants.

Nous ne leur avons pas laissé l'opportunité d'exister. Un deuil impossible…

Mais ils font partie de notre famille, de celle de Léo et Paul, de notre histoire à tous, de nos destins.

Il faudra leur faire une place, les reconnaître, les accueillir dans notre vie.

Ce jour-là seulement, si douloureux soit le chapitre de nos chemins égarés dans la jungle des énigmes qui dépassent l'entendement humain, nous pourrons tourner la page.

Remerciements

Je tiens à remercier la défense, Henri Leclerc, Nathalie Senyk et plus particulièrement Hélène Delhommais et Marc Morin pour leur engagement de la première heure. Les médecins, psychologues et psychiatres que j'ai pu rencontrer et qui m'ont aidé à mieux comprendre les maternités douloureuses. Ma famille, ma belle-famille qui ont eu l'intelligence de se soutenir plutôt que de tomber dans le piège du conflit. Les amis, plus présents que jamais dans les moments les plus sombres, et tous ceux qui se reconnaîtront pour m'avoir soutenu pendant cette épreuve.

Table des matières

Direction littéraire
Huguette Maure

assistée de
Estelle Flory

Imprimé en Espagne
Dépôt légal : septembre 2010

ISBN : 978-2-7499-1283-7
LAF 1283